La Gran Iniciación

Prepárate para el 2012

La Gran Iniciación

Prepárate para el 2012

Andrea Weitzner

Grijalbo

La Gran Iniciación

Prepárate para el 2012

Primera edición: febrero, 2011

Ilustraciones: Hugo Javier Leyva Velázquez

www.rhmx.com.mx

Comentarios sobre la edición y el contenido de este libro a:
literaria@rhmx.com.mx

ISBN 978-607-310-139-4

Impreso en México / *Printed in Mexico*

Al lado sabio de mi madre (1935-2010),
que su siguiente encarnación sea infinitamente mejor

A Pat,
por enseñarme con su ejemplo de vida
el significado de la palabra bondad

A Ana, Óscar, Mar, Di, Rosy, Cony y Socorro
por ser parte de una gran hermandad

Al despertar del planeta Tierra

Índice

Segunda Parte
El diseño divino

Tercera Parte
De regreso a Casa

Cuarta Parte
Sintonizando Centros de Energía

Quinta Parte
Una llave a la Maestría

A ti que leerás este libro…

El tiempo del no-tiempo comenzó.

Todo cuanto ves sucediendo a tu alrededor será intensificado en los siguientes años: la realidad como la conocemos está por terminar.

Es el fin de la era en que el dolor, el miedo, la angustia y la desolación ejercen el control.

Abre tu mente.

La historia de quién eres, de dónde vienes y hacia dónde vas, no es lo que crees.

Estás aquí en este momento del tiempo para una función vital: ayudar a trascender el planeta y el despertar de la humanidad.

Recuerda las antiguas escuelas: la maya, la egipcia y la hebrea. El despertar de la raza humana y la trascendencia del planeta Tierra dependen de tu toma de conciencia y de la grandiosa aportación con tu congruencia. Disuelve el velo de la ilusión.

Ser o no ser.

He ahí la cuestión.

Shakespeare, Da Vinci, Trismegisto, todos han dejado el secreto plasmado. Estás listo para escuchar cómo estás diseñado para el viaje humano. El que se transforma a sí mismo, transforma a la humanidad entera.

Eres pieza clave del despertar del planeta Tierra.

Algo está sucediendo…

¿Te da la impresión de que el día dura menos tiempo?

Los antiguos maestros lo profetizaron: los cambios en la Tierra ya comenzaron. Estamos viviendo el último katún del calendario maya, equivalente a 20 años terrestres de transición, la entrada a la mañana galáctica, el fin de una era y el comienzo de la nueva. El latir de la Madre Tierra se acelera y con ello aumenta la agresividad colectiva y la locura callejera.

El poder mental…

Cada pensamiento que tenemos es generador de realidad.

Tenemos que aprender cómo pensar. La evolución como raza humana es una elección personal. Es vital que comencemos a crear otro tipo de realidad. La fatiga, la desazón, la falta de sentido y realización se siente en cada respiración. Estamos atestiguando cómo se desmorona el sistema financiero. Estamos viviendo momentos de angustia global en verdad extremos.

Pero… ¡ánimo!

Todo lo que necesitas está en tu interior. Cuentas con siete chakras* o centros neurales con los cuales dirigir energía a tus órganos vitales y con ello hacer del cuerpo un instrumento de viaje perfecto. Por medio de la elevación de tu frecuencia mental podrás crear tu realidad desde otro lugar.

La precisión del universo

El universo es un patrón geométrico sagrado. Tú tienes asignados números de Lección de Vida y de Destino. Nada acerca de ti es casualidad. Einstein, cuando se lo preguntaron, afirmó: "Dios no juega a los dados". Mediante la numerología descubrirás que tienes cualidades y potencialidades acumuladas a través de vidas y vidas. Por medio de la geometría sagrada comprenderás la intrínseca relación entre las partes y el Todo y la unidad que revela los sagrados cimientos de todo lo creado. Entrarás también al universo de la meditación Mer Ka Ba, con la cual obtendrás el entendimiento práctico del respirar de Dios y la activación de estados de conciencia que te elevan a la cuarta y quinta dimensiones.

¿Secuencias numéricas se te repiten?

Siempre que ves el reloj son las 11:11, o te encuentras con secuencias numéricas repetidamente en el microondas, placas de autos, direcciones, recibos del súper… Estas secuencias numéricas que se repiten nos transmiten un mensaje, reflejan nuestros códigos base con los que se activa y eleva nuestra frecuencia.

Esto ya lo había vivido antes...

A ratos te sientes atrapado en un *déjà vu*... o hay algún país en el que nunca has estado pero con el cual te sientes completamente arraigado, o situaciones que estás convencido haber ya vivido... No es tu imaginación. La vida es un proceso de evolución en que subimos la escalera de la reencarnación para adquirir sabiduría y comprensión.

Descubre el regalo del Creador

Abundancia, salud, éxito creativo y relaciones amorosas son las cuatro esquinas del diamante de conciencia crística cuartodimensional, las energías celestes que sostienen el patrón de la creación para el dominio en la tridimensionalidad. Son los cuatro arcanos que mantienen la voluntad divina y que te permiten adquirir la maestría en esta vida.

Es momento de que aprendas a escuchar de nuevo la voz del corazón, tu intuición, que te lleva de manera perfecta por el camino de la evolución.

¡Comencemos!

Nota de la autora

Esta obra es la recopilación de años de estudio acerca de los misterios de la mente; aterriza y desmenuza conceptos complejos. Es un libro conciso, breve y condensado, por lo que te recomiendo que lo leas varias veces hasta que hagas del conocimiento tu vivencia y de ahí deriven tus propias creencias. Un concepto que no es vivencial es estéril y no te dará los resultados esperados.

A lo largo del libro encontrarás un asterisco (*) al lado de un término; por favor, lee su definición en el glosario antes de continuar. La comprensión de un concepto es vital para el atesoramiento del conocimiento.

Recuerda: la mente no reconoce la diferencia entre lo que ve y entre lo que recuerda cuando cierras los ojos; la mente suelta la misma descarga péptida* que te lleva a un estado de ánimo determinado ante el estar viendo el objeto o el simple recuerdo de él. Por esto es vital que cuides cada uno de tus pensamientos.

Despréndete de las ataduras de la mente tridimensional. La Gran Mente del Creador opera en planos más altos de la realidad, no permitas que tu sólido intelecto te impida despegar.

Disfruta el viaje de regreso a casa.

Primera Parte

EL TIEMPO DEL NO-TIEMPO

¿De dónde vengo?

Piensa…

Eres uno de innumerables pasajeros en una gran nave, empujando a través de vastos océanos de espacio hacia un destino desconocido. No tienes que imaginarlo. Eso eres. Una criatura humana… Un espíritu… Un alma… con una conciencia de un "Yo Soy Yo", dado en forma a través del cuerpo, por medio del acto creativo de tu padre y madre, con un Número de Lección de Vida asignado, y destinado a pasar un rato largo o corto en una gran bola llamada planeta Tierra para después dar un recuento responsable de ti mismo.

Se te dio el pasado, el presente y el futuro dentro de tu manifestación: tu instinto animal es tu conexión a lo ancestral, al planeta terrenal; tu intelecto humano es la lógica que siempre quiere dominar y tu inteligencia intuitiva es tu estado de sabiduría total.

Para llegar a tener dominio sobre tu poder creador es indispensable que entiendas cómo funcionan las herramientas con que fuiste equipado para el viaje humano.

¡Adelante!

El último katún

Para los mayas, Hunab Ku es el centro de la galaxia, y a su vez, el corazón y la mente del Creador. Según sus legados, cada 5 125 años un rayo sintonizador surge desde este centro, el cual sincroniza al Sol y todos los planetas con una poderosa emanación de energía. La rotación completa del sistema solar alrededor de la galaxia dura 25 920 años, y es conocido como un ciclo cósmico, o "Gran Año de Platón", los años necesarios para que el equinoccio cruce los 12 signos en la bóveda zodiacal. Los mayas hacían una división de dicha elipse en dos, llamando Día a la fracción más cercana al centro de la galaxia, y Noche a la parte más alejada de Hunab Ku. Según los mayas, justamente en nuestro nuevo milenio, ingresamos en la mañana galáctica, la cual es marcada por el rayo sincronizador desde Hunab Ku.

El periodo intermedio del traspaso de un ciclo a otro dura 20 años terrestres, un katún, al cual llaman "el tiempo del No-Tiempo", en donde ocurren grandes cambios. Justo el tiempo que estamos viviendo y que llegará a cierre de ciclo el 21 de diciembre de 2012. Entramos al salón de los espejos donde el ser humano se percata de que "tú eres yo, y yo soy tú", de la correspondencia clara entre lo que vive en su interior y lo que manifiesta en su exterior, al despertar de la hipnosis colectiva, la disolución del velo de la ilusión.

¡La limpia profunda para el despertar ya comenzó!

Pandemias, crisis del sistema financiero y muchos sucesos que están por llegar llevarán al ser humano al despertar, y los que no sean capaces de elevar su nivel de frecuencia vibratoria quedarán atrás. El trascender como humanidad es una elección personal. Las personas que carezcan de herramientas internas que eleven la frecuencia mental no estarán capacitadas para atravesar el despertar.

Accidentes... ¿coincidencias o mala suerte?

Ninguna de las dos. El "accidente" es tu sombra* proyectada, la evidencia de lo reprimido de tu Yo Consciente* que viene a detenerte y obligarte a aceptar que tienes asuntos pendientes.

Cuando se rompe el orden en el plano de la conciencia, comenzamos a manifestar una vida desequilibrada; esta desarmonía, este caos, se manifiesta de diversas maneras: ya sea el síntoma somático o choques con personas en los cuales vemos proyectada nuestra sombra, conflictos repetitivos o el eventual accidente. Estos incidentes van subiendo de nivel hasta que logremos hacer una pausa reflexiva en el camino.

En mi libro *Creando el Cielo en la Tierra* abordo el tema de la enfermedad como un maestro, un camino hacia el despertar. El síntoma corporal de una enfermedad viene a denotar un error, una falta, porque el síntoma es el principio ausente que se hace material y visible en el cuerpo. El síntoma nos obliga a asumir conscientemente aquello rechazado y con ello devuelve el equilibrio al ser humano. El síntoma, al hacer aflorar elementos reprimidos, hace sinceros a los seres humanos; es parte de un sistema de regulación muy amplio que está al servicio de nuestra evolución.

Así como un síntoma corporal viene a sacar de tu sombra una falla, un accidente viene a demostrarte externamente tu caos interno; rompe la ilusión de entereza de tu ego, y desenmascara los argumentos de autoconocimiento de tu Yo Consciente de que "todo está bien".

> **Cuando se rompe el orden en el plano de la conciencia, comenzamos a manifestar una vida desequilibrada.**

Para poder rescatar la lección que está detrás de un accidente, necesitas asimilar la información que éste está intentando enviarte. Para utilizar un accidente para tu despertar, aplica las siguientes reglas en cuanto comiences a experimentar sucesos que te indican que algo en ti anda mal.

Primera regla: Dale el valor a las relaciones causales en el plano funcional como en lo trascendental. Contempla hechos externos, pero sobre todo examina tus procesos internos.

¿Qué pensamientos, temas y fantasías estaban contigo cuando ocurrió el accidente? ¿Cuál era tu estado de ánimo?

Segunda regla: Analiza el momento de la aparición del incidente. ¿Tuviste sueños recurrentes previos al accidente? ¿Alguien nuevo entró a tu vida que te daba mala espina? ¿Objetos electrónicos dejaron de funcionar adecuadamente? Es vital poner atención a estos detalles que sitúan el accidente en el tiempo, ya que son señales previas que te indicaban que la energía ya no fluía. Indaga en la situación, pensamientos, fantasías, sueños, acontecimientos y noticias que rodearon al incidente.

Por ejemplo, una persona no quiere reconocer que en realidad necesita darse una pausa, un respiro. El deseo inconsciente, con el fin de hacerse manifiesto, lo hace tropezarse de cansancio. Esa torcedura del tobillo le obliga a hacer una pausa en el camino, y poder expresar en voz alta el mensaje del inconsciente; "me duele y me cansa estar vivo".

Tercera regla: Sacar el suceso de la sombra como evidencia de un faltante. Escucha con atención las expresiones idiomáticas, las cuales pueden servirnos de clave, ya que nuestro lenguaje es psicosomático. Un accidente no hace sino corregir desequilibrios: el hiperactivo trabajólico se cae y se tuerce el tobillo, lo que le obliga a hacer una pausa en el camino. El que tiene sobrepeso tiene que ser movilizado y el hiperactivo es paralizado. Un accidente o enfermedad activa el polo rechazado, restaura equilibrios y sana karmas pendientes. Tenemos que prestar atención a esta parte del proceso; renunciar voluntariamente a lo que se nos arrebata y aceptar de buena gana lo que se nos impone.

Cuarta regla: Las preguntas: "¿qué me impide?" y "¿qué me impone este incidente?" suelen revelar rápidamente el tema central del suceso. Por ejemplo, si tu accidente fue haber sufrido una traición por alguien de confianza, esto te impide seguir siendo ciego a las cosas que no quieres ver y te impone abrir los ojos y no confiar totalmente, pero, sobre todo, te demuestra que ya lo intuías, pero no supiste detenerlo. Te impone confiar más allá de lo que la mente te engaña a pensar.

Amor en tiempos de influenza

> La enfermedad es el camino por el cual el inconsciente se comunica para decirnos algo acerca de nosotros mismos que hasta ahora no hemos reconocido.

Un síntoma es la concreción somática de lo que falta en la conciencia. La enfermedad otorga una gran enseñanza más allá de hacernos valorar su polo opuesto, la salud. La enfermedad saca de la sombra la personalidad inconsciente, todos los aspectos que no reconocemos desde nuestro Yo Consciente. El síntoma, al hacer aflorar elementos reprimidos, abre el camino a la unidad e integridad; es un sistema de regulación muy amplio que está al servicio de la humanidad.

La enfermedad es el camino por el cual el inconsciente se comunica para decirnos algo acerca de nosotros mismos que hasta ahora no hemos reconocido. Toda enfermedad habla un lenguaje determinado con el cual sus síntomas tratan de comunicar un mensaje. Los síntomas nos obligan a enfrentar asuntos pendientes; buscan instaurar el equilibrio y completar el faltante en el plano de la conciencia. Los males masivos no hacen sino señalar faltas contenidas en el Inconsciente Colectivo.

¿Qué nos falta?

Compasión. Entre muchas otras, la crisis mundial que experimentamos debe hacernos reflexionar acerca de la crueldad hacia nuestros semejantes, hacia el reino animal y al planeta en general. No podemos seguir disociados de las atrocidades que cometemos. Vivimos momentos en los que la crueldad se manifiesta de distintas maneras hacia nuestros semejantes, dejando desamparados a quienes necesitan de nuestra ayuda o causando males justificándonos en el bien individual. Al mismo tiempo, por sus características físicas, el cerdo en particular, es uno de los animales más difíciles de matar.

Nos comemos una gran dosis de sufrimiento en la clásica torta de jamón del mexicano, o en el sabroso chicharrón que cruje y en toda esa proteína totalmente saturada de péptido de angustia y agonía. ¿Cuál es la sorpresa de lo que está ocurriendo? ¿Realmente pensábamos que podrían continuar nuestras atrocidades sin tener que enfrentar consecuencias?

La vibración de pánico de los cerdos —y de todos los animales en cautiverio para el consumo humano— forma parte integral del Inconsciente Colectivo en la que todos flotamos. Los animales saben que van a su muerte tras una vida de encierro degradante, sin movimiento, con alimento hormonal, para luego morir sin piedad. Los crímenes cometidos en contra del reino ancestral cargan nuestra frecuencia mental. Abusamos del planeta destruyendo sus ar-

> El dolor masivo que experimentamos es proporcional al sufrimiento que causamos.

terias con desechos nucleares y derrames de petróleo. Esta inconsciencia que tenemos con la Madre Tierra se refleja en la falta de amor entre los seres humanos. El dolor masivo que experimentamos es proporcional al sufrimiento que causamos.

¿Por qué México? Aparte de que México está en los primeros lugares mundiales de crueldad animal —desde la fiesta brava hasta las peleas de perros y de gallos, el consumo del cerebro de chimpancés y los rastros que son cámaras de crueldad—, se ha señalado (en *La Mujer Dormida debe dar a luz, Profecías mayas* y el *Chilam Balam)* al territorio mexicano como el epicentro del cambio y la transformación. Una enfermedad colectiva nos obliga a la introspección, demandando un cambio de actitud con nuestro alrededor. Llegó el momento de la reintegración.

Lo *In* del ser

Estás equipado con tres inteligencias:

Tu inteligencia instintiva es la más antigua, pertenece a tu pasado. Tu inteligencia intelectual es la humana, es tu mente presente pero que, sin tener lo noble y antiguo de tus instintos, insiste en ser el amo, logrando mantenerte encarcelado. Tu inteligencia intuitiva es tu conexión al todo, el conocimiento pleno más allá de la lógica.

Debido a la educación del sistema tradicional, tú te separaste del teorema original. Tu verdadero poder reside en la integración de tu inconsciente y supraconsciente, regresándote a la unidad, al nivel del no-nivel, donde la verdad siempre es, siempre está.

La escalera de la conciencia

Instinto. Es la base, tu pasado, conectado al reino animal, que te une al planeta y a toda la encarnación terrenal. Es el conocimiento primitivo, la historia natural del orden divino, lo que te une de igual manera a una mascota o a cualquier otro ser vivo. Tus instintos son nobles, siempre lo han sido, pero tú los has mantenido reprimidos.

Para poner a la mente en su lugar, es necesario educarla a cómo y cuándo pensar.

Intelecto. En el segundo peldaño se encuentra tu intelecto, tu experto, que cree saberlo todo, porque tiene a la razón, la lógica de su parte. Tú crees que eres tu mente, tus pensamientos. La persona en verdad inteligente es la que utiliza su intelecto para trascenderlo.

Para poner a la mente en su lugar, es necesario educarla a cómo y cuándo pensar. Bajar su intensidad para regresar al estado de interiorización natural.

Tu mente te convenció de que tus instintos son malos, y la intuición algo fuera de ti. Compréndelo: tu mente es sólo un instrumento; un medio, no un fin, que si lo sabes usar y lo pones a trabajar para ti, será tu arma más poderosa con la cual podrás crear y manifestar. La mente racional es lineal, no está capacitada para comprender realidades más elevadas de la realidad donde reina la intemporalidad y la unidad.

Intuición. Es el peldaño más alto de la escalera de la conciencia, la voz del corazón, la que te pide que escuches más allá de la razón.

Cuántas veces has tenido una corazonada, pero llega el intelecto y te la calla. Actúas en contra de lo que la intuición te estaba diciendo y el desenlace de la situación hace que acabes arrepintiéndote. "¡Pero si ya lo sabía!" es la frase típica con la cual empiezas a taladrar tu propia psique, hasta que el intelecto te convence de que esas cosas siempre te pasan a ti, pero te calma diciéndote que la próxima vez sí pondrás atención.

Ésta es justo la trampa. La intuición no puede ser comprendida desde la razón. La intuición, al operar en un plano más alto de la realidad, no puede ser captada por la mente lineal. Es como pretender entender la cuarta dimensión desde la tercera. La intuición opera en un salto cuántico, sin procedimiento metodológico; es un intervalo en el tiempo y en éste se halla la verdad.

La intuición, al operar en un plano más alto de la realidad, no puede ser captada por la mente lineal.

"De repente" "ves" algo, como si un *matrix* se abriera y tuvieras acceso a un vistazo de información más allá de la tercera dimensión, más allá del tiempo. Cuando reintegras tu inteligencia instintiva e intelectual, regresas a operar como un todo. Fluir con la vida se vuelve tu condición natural, generando armonía en cada paso de tu andar.

La intuición es el conocimiento que trasciende la lógica.[1]

La intuición es tu brújula para trazar el camino, tu destino, realizándote de forma natural en tu proceso evolutivo. Una vez que pongas a la mente en su lugar, créemelo, comprobarás que la vida sí puede ser fuera de la condicionante realidad. Los tres principios de la intuición son:

- No puedes entenderla desde la razón.
- Desconoce la temporalidad, siempre es, siempre está.

[1] Osho, *Intuición,* Random House.

- No puedes incrementarla, mas puedes incrementar tus canales de alineación con ella.

El siguiente cuadro muestra la correspondencia que tiene cada uno de los niveles de la escalera de la consciencia.

• Intuición	Futuro	Supraconsciente ilimitado
• Intelecto	Presente	Consciente 10%
• Instinto	Pasado	Inconsciente 90%

Vidas pasadas

Los egipcios y los mayas explican la vida como parte de un camino de reencarnaciones sucesivas que permiten obtener información sobre el universo, evolucionando de la ignorancia a la sabiduría.

Mediante la reencarnación, el ser humano tiene la oportunidad de acumular experiencias que le permiten adquirir sabiduría y comprensión; es un proceso de aprendizaje muy amplio que está al servicio de la evolución, un sistema de aprendizaje que lo lleva de su animalidad original a la inmortalidad. Vida tras vida aprende algo nuevo y sube peldaños en la escalera de la conciencia; adquiere vivencias que lo llevan a la iluminación y al entendimiento de que el hombre sólo se transforma en superhombre por medio del amor.

> **Mediante la reencarnación, el ser humano tiene la oportunidad de acumular experiencias que le permiten adquirir sabiduría y comprensión.**

Como es narrado en el documental *El Ojo de Horus,* la vida es un proceso diseñado por la mente del Creador en donde el hombre reencarna sucesivamente para perfeccionarse y ascender en las jerarquías del universo. El espíritu del hombre que no comprende al Creador ni la razón del universo o de su propia existencia se encarna en un cuerpo para tener experiencias que le permitan adquirir información. El sitio en donde reencarna y experimenta todo tiene dos extremos opuestos; es un universo polarizado y dual, que permite la comparación entre las partes para comprender cuál es verdad.

A través de un proceso de varias vidas, en donde es influenciado por los astros de diversas maneras, el ser humano comprende poco a poco; se transforma en un ser respetuoso de todo lo que existe; acepta que todas las circunstancias —aun las más difíciles— son perfectas, pues son lecciones para el perfeccionamiento espiritual; vida tras vida va ascendiendo de nivel, tiene más información, permanece en paz y armonía, maneja más energía vital, se transforma en un ser tolerante y respetuoso que accede a mayores poderes, comprende que en el universo dual, en las circunstancias contradictorias, lo único que no tiene polaridad es el amor.

El amor es neutro, como Dios

Para los egipcios, el hombre vive un proceso evolutivo que toma 700 reencarnaciones en las que nace en distintos cuerpos, lugares, tiempos, circunstancias, condiciones y personalidades. En cada vida aprende algo distinto, cada vez nace influenciado de distinta manera por las fuerzas que irradian las estrellas.

Las experiencias de esas vidas van transformando un ser instintivo e ignorante en un superhombre, a un animal inocente y primitivo en un sabio inmortal; son parte de un plan divino para que el hombre —al experimentar en carne propia el mundo de la polaridad, es decir, que como es arriba es abajo; que hay luz porque existe la oscuridad, que hay tristeza porque también existe la felicidad— comprenda cómo funciona el universo.

Al vivir muchas vidas con experiencias opuestas —de angustia y paz, de depresión y felicidad, de riqueza y pobreza, de salud y enfermedad—, comprende la razón de su existencia y termina con las limitaciones materiales, transformándose en un superhombre inmortal, un ser que no pierde en la muerte la conciencia del conocimiento acumulado durante vidas, un espíritu sabio al final de un proceso que sube un peldaño más en la perfección del universo.

El misterio de Saqqara

El chakal que abre y guía el camino...

Saqqara, la primera gran pirámide ubicada en lo que ahora es Giza, en Egipto, es una manifestación de los avanzados conocimientos en todos los campos de los sacerdotes de la Escuela del Ojo de Horus. Sus ruinas llegan hasta nuestro tiempo. Fue la primera pirámide sobre la Tierra después del diluvio, en cuya construcción se usaron por primera vez bloques modulares de piedra para construir un edificio. Se tallaron jeroglíficos con los primeros textos religiosos de la historia. Ahí se construyó un complejo subterráneo de 12 pisos bajo tierra, con cámaras y galerías.

La primera máquina cuántica

El complejo subterráneo de Saqqara permitió crear avenidas electromagnéticas que facilitaron el movimiento de materiales en la construcción de sus templos. Saqqara era una fábrica estacionaria de energía taquiónica, la energía de más alta frecuencia y vibración del universo. Esta energía es neutra; está compuesta por parejas de partículas que, al tener una carga eléctrica contraria, se anulan y se equilibran entre sí. Al ser neutra, no genera resistencia y se mueve a 27 veces la velocidad de la luz. Es la energía del pensamiento cuando vibra en la alta energía del amor. Fue la energía que utilizaron Jesús y otros Grandes Maestros para realizar los sucesos extraordinarios que llamamos "milagros". El complejo generaba un enorme campo electromagnético y sonidos que vibraban en distintas frecuencias. Su forma y diseño producía y captaba energía; emparejaba las partículas eléctricas, convirtiéndolas en una columna ondulatoria estacionaria de energía taquiónica.

> **El complejo subterráneo de Saqqara permitió crear avenidas electromagnéticas que facilitaron el movimiento de materiales en la construcción de sus templos.**

En el complejo subterráneo de Saqqara se construyó la primera parte de un procesador tridimensional para acelerar la evolución del ser humano utilizando una tecnología fundamentada en la física cuántica. Otra función del complejo fue la utilización de las cargas de iones para producir avenidas electromagnéticas por donde desplazaban ingrávidos los bloques de granito que necesitaban para construir sus templos. Una tecnología electromagnética basada en que cargas iguales se repelen, como la que actualmente se emplea para mover trenes.

La pirámide producía distintas frecuencias, permitiendo que discípulos con distintos niveles evolutivos se sintonizaran y vibraran a una frecuencia más alta que la que tenían en ese momento. Esto potenciaba sus niveles de energía vital, su aura o campo electromagnético personal. Simultáneamente, recibían una intensa preparación que, después de los 21 años de vida, les permitía llevar su conciencia a dimensiones superiores de la realidad.

En los días del equinoccio utilizaban la energía acumulada en la pirámide para impulsar a un alto iniciado a vibrar en altísima frecuencia hasta que sus átomos se abrían como flores, liberando la luz contenida en el interior de sus núcleos. Así se producía una "iluminación" temporal del discípulo, durante la cual podía viajar conscientemente por el tiempo o el espacio.

Al manejar en el interior niveles superiores de energía vital, en vibración de amor, se despierta la telepatía. Se adquiere la sensibilidad para percibir la música de las esferas, la danza de partículas subatómicas que forman el aura, el campo electromagnético que cada ser humano produce alrededor de su cuerpo.

La máquina cuántica de Saqqara aceleraba este proceso de perfeccionamiento espiritual, pues permitía que los iniciados, que tenían distintos niveles de conciencia, experimentaran temporalmente un aumento gradual en su frecuencia de vibración. Con meditación e información para vivir en paz y armonía, respetando todo lo que existe, al comprender que todo está vivo e interconectado, la vibración experimentada se volvía permanente.

Los discípulos más avanzados, que permanecían en altos niveles de vibración, podían desplazar su conciencia en el tiempo y en el espacio y ver la cadena de reencarnaciones que les habían permitido llegar a su nivel presente.

Mediante la energía dirigida a los órganos vitales se despierta al cuerpo como un instrumento de viaje perfecto.

Podían ver y percibir realidades más allá de la tercera dimensión, en el siguiente nivel evolutivo del ser humano, en los mundos de los hermanos superiores, superhombres iluminados, seres que ya pasaron por este nivel para recibir la información proveniente de los Maestros Ascendidos. Llegando a estados de *samadi* —un estado de conciencia, unidad y relajación profunda—, guiaban su mente a cada órgano, hasta que hicieron consciente al cuerpo, y aprendieron a manejarlo a voluntad como un excelente instrumento.

La salud era concebida en la conciencia. La conciencia fecundaba su vibración en la materia; se enseñaba acerca de las percepciones físicas y los deseos carnales del cuerpo y a diferenciarlas de las emociones superiores como la intuición y la inspiración. Aprendieron a trasmutar las pasiones y deseos del cuerpo con el poder del espíritu, a elevar su conciencia, su vibración vital, a solicitar y canalizar la energía de espíritus en planos más evolucionados para elevar su creatividad.

Aprendieron a concentrarse en sí mismos; a diferenciar entre el Yo Superior y el ego, a identificarse con un ser u objeto externo hasta sentir y transformarse en lo que se ve o se piensa. Recibieron información sobre el tiempo y entrenamiento para aprender a vivirlo como un eterno presente. Entendieron que pensar es comparar para conocer, y que cuando todo se sabe, ya no se piensa ni se compara. Aprendieron a cambiar de estado o nivel vibratorio, a manejar las circunstancias externas, logrando el equilibrio emocional como una decisión mental interna.

El complejo de Saqqara se convirtió en un centro de comunicación con las realidades más altas del universo, hecho que dejaron registrado en sus textos religiosos sobre los muros de algunas pirámides de las primeras dinastías. La pirámide permitía el acceso a las dimensiones de los Hermanos Superiores; seres iluminados que ya pasaron por la Tierra y ahora se encuentran en una escala más alta de la realidad. En Saqqara se probó que, vibrando en alta frecuencia, los objetos pierden peso, se vuelven ingrávidos. Esto es el fenómeno de la levitación. El amor es neutro, no tiene polaridad; vibra en altísima frecuencia; su energía —que no tiene masa— pertenece al plano espiritual y mental donde existe a la voluntad del Observador.

El amor es neutro, no tiene polaridad; vibra en altísima frecuencia; su energía —que no tiene masa— pertenece al plano espiritual y mental.

Saqqara es el misterio más grande de Egipto, la manifestación perfecta de una estructura con detalles y sofisticación futuristas. Su armonía resalta su maestría. Su historia nos revela las más increíbles respuestas a los más antiguos misterios, como lo fue el genio que dirigió su construcción.

Hermes Trismegisto

El sabio que viene en paz…

El ser humano detrás de la Divinidad es Imhotep, sumo sacerdote de la Escuela del Ojo de Horus, que tiene uno de los lugares más destacados en la historia del hombre. Fue el primer filósofo de la historia; se dedicó a pensar y a analizar conceptos fundamentales como espacio, tiempo, volumen, la naturaleza de la enfermedad, la existencia de Dios y de la inmortalidad. Expresa la base conceptual de la civilización egipcia como el movimiento de la conciencia hacia Maat,* que simboliza lo justo, lo recto, lo armónico y lo equilibrado.

Platón nos dice que la historia que le contaron a Solón los sacerdotes egipcios sobre la Atlántida se remonta a Imhotep. Astrólogo y astrónomo, realizó el primer registro sistemático de la bóveda celeste y dejó los primeros mapas de las constelaciones. Demuestra su conocimiento en la precisión de los equinoccios al usar los cambios de era para determinar las etapas de revelación en el desarrollo espiritual de la civilización egipcia.

Los griegos que estudiaron en Egipto lo llamaron Asclepio o Esculapio, para marcar sus logros como médico. Lo llamaron después Hermes Trismegistus, que significa "El Tres Veces Grande", por sus dotes como filósofo y físico que reveló las bases del funcionamiento del universo. Sus escritos y enseñanzas pasaron secretamente de generación en generación durante milenios. Son la base de los conocimientos Gnósticos, Templarios, Iluminatis, Rosa Cruces y Masones.

Los griegos los llamaron Principios Herméticos. Imhotep los dejó en varios papiros y tabletas; uno de ellos es *El Kybalyon,* donde explica los Siete Principios Fundamentales del Universo.

Siete Principios Herméticos

1. Principio de Mentalismo: No existe más que una mente, un poder, totalmente divino. Usamos la misma mente y el mismo poder en nuestros mundos individuales que el Todo usó cuando creo el universo.
2. Principio de Correspondencia: Como es arriba es abajo; como es abajo es arriba. Esto nos enseña que hay correspondencia o analogía entre cosas espirituales y cosas físicas; las mismas leyes operan en cada realidad.
3. Principio de Vibración: Nada descansa, todo se mueve, todo vibra. En cada campo energético hay una vibración, ya sea de atracción o de repulsión, basada en la tendencia de los pensamientos. Estos pensamientos son conscientes e inconscientes y en cada nivel tiene lugar una acción creativa.
4. Principio de Polaridad: La realidad es dual, todo tiene polos y todo tiene su opuesto. Los opuestos son idénticos en naturaleza, sólo manifestados en

distinto grado. Polaridad es sentir y pensar en cierta dirección, la habilidad de poner nuestra frecuencia en sintonía con la Mente Infinita, que forma un camino para que fluya la energía divina. Es vivir la vida conforme a la verdad más alta, más allá de la dicotomía.

5. Principio del Ritmo: La vida es como un péndulo, columpiándose de ida y de regreso. Cuando comprendemos este principio, polarizamos y alineamos a nuestro ser al punto óptimo de existencia, neutralizando las altas y bajas de la vida.
6. Principio de Causa y Efecto: Cada causa tiene su efecto; cada efecto tiene su causa; todo sucede conforme a la ley. La casualidad no es más que un nombre para la ley no reconocida. Como el hombre se conciba así mismo en la esencia de su ser, así será.
7. Principio de Género: El género está en todo: todo tiene su lado femenino y masculino. Todo individuo es ambos, masculino y femenino, mente y sentimientos, objetivo y subjetivo, el Yo y el conmigo. Lo que la mente imprima en su naturaleza intuitiva será manifestado en el mundo material.

La Flor de la Vida

La Flor de la Vida es el símbolo de geometría sagrada que muestra los movimientos iniciales de Dios para crear el universo, como se muestra en la figura 1.

Es un símbolo esotérico que describe la geometría que dio lugar al universo y que determina los procesos naturales como la mitosis y el movimiento de los planetas; una forma que conceptualiza a la vida como un proceso en el tiempo, el contenedor de los ritmos, de las horas, los días, los meses, los movimientos de los cuerpos celestes, durante los cuales la idea toma forma y la semilla germina. La flor representa el momento en que Dios activa su voluntad, cuando despierta su conciencia para animar el universo; cuando abandona el

Figura 1. *Flor de la Vida.*

estado de reposo, de no-yo, de no-ser, de vacío y oscuridad. Es el momento en que A-tum-ra, el Dios inmanifestado, se transforma en Ptah, el Dios creador de todo lo que existe.

Los egipcios llamaban Neter a la Causa Fundamental, a la Fuerza o Principio Divino. Atum, al Dios inmanifestado, la energía en potencia. Ptah, a la característica creadora de Dios que al manifestar su voluntad da lugar al universo. Amón, a la característica de Dios que hace al hombre libre de crear en su propia mente a su imagen y semejanza. Desde esta concepción, los movimientos sagrados de Dios dieron lugar a la Flor de la Vida.

La sagrada trinidad

Los movimientos de Dios comienzan desde un punto central conceptual, que es el Ojo de Horus, desde donde sale la Flor de la Vida, cuyo fruto es el universo, es decir, la creación. El punto es la referencia para saber que existe el movimiento. En él comienza su geometría sagrada, y desde ahí Dios crea el primer espacio virtual del universo. Lo hace proyectándose hacia afuera, como un punto que avanza hacia adelante, repitiéndose a sí mismo, formando una línea recta, la forma masculina. Es Dios Padre que manifiesta su energía y su información. Su voluntad activa es transformada por Dios Madre, la sustancia infinita que gesta en su interior una respuesta: el Dios Hijo, que regresa con la percepción de un plano virtual reconocido.

Así entienden la trinidad los egipcios, como un proceso simultáneo, equilátero, de información enviada-recibida-concientizada. Por eso el triángulo equilátero es la base del tetraedro, el primer sólido puro, forma masculina primaria de todo lo creado. El proceso se multiplica en el tiempo y el espacio; hacia adelante, hacia atrás, hacia arriba y hacia abajo, a la derecha e izquierda. Así, Dios genera un espacio virtual referenciado en sí mismo. Simultáneamente, al girar ese volumen percibido alrededor del punto del principio femenino, la esfera, un espacio pasivo sin tensiones, con todos sus puntos referenciados al centro, al Ojo de Horus. La esfera es la placenta que contiene todo; es la sustancia para todos los volúmenes y formas; es una expresión de unidad, de totalidad, de integridad. Ninguno de los puntos en su superficie es más importante que el otro, y a todo se llega de igual manera desde su centro de fuerza y energía que los origina a todos. Átomos, células, semillas, planetas y soles, todos hacen eco a esa forma de unidad y potencialidad.

La primera esfera virtual contiene los sólidos platónicos que son la base, los ladrillos con que todo el universo está construido.

> Desde su centro de energía Dios creó el primer espacio finito que simboliza a la Tierra dentro del infinito, el Cielo.

La Biblia nos dice que en el principio Dios creó el Cielo y la Tierra; la Tierra estaba uniforme y vacía; las tinieblas cubrían la superficie del abismo y el espíritu de Dios se movía entre las aguas. Realiza su primer movimiento desplazándose desde el centro a la primera esfera, hasta llegar a su borde, a la membrana o perímetro del espacio.

Desde ese nuevo punto central se repiten los movimientos, generándose una nueva esfera. En la intersección de las dos esferas iguales se genera la forma más importante de todas las existentes.

El Vescica Piscis

Simboliza el Verbo Divino. Se forma por la intersección de dos círculos o esferas cuyos centros se tocan con exactitud, tal como se muestra en la figura 2. En el vocabulario alegórico de los geómetras de la Antigüedad, era una imagen de los mundos compenetrados del Cielo y de la Tierra. Representa un estado de equilibrio perfecto entre dos fuerzas iguales. Lo egipcios creían que desde ahí salieron los números, los siete sonidos fundamentales, las letras y toda la sabiduría de la creación. Tiene la misma forma del ojo y la boca humanos; en su interior caben exactamente dos triángulos equilá-

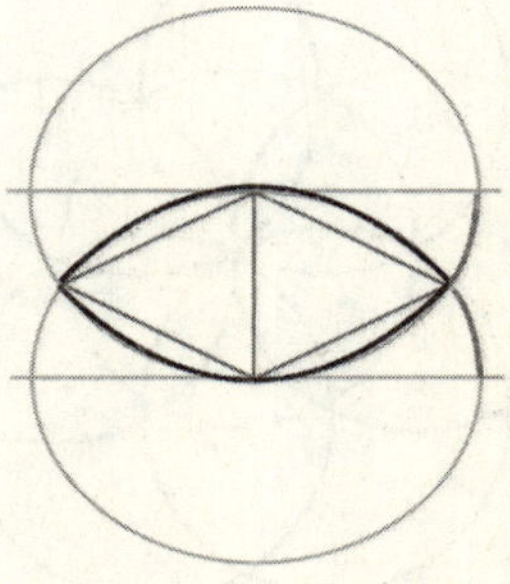

Figura 2. *Vescica Piscis.*

teros que, al ser contenidos en un rectángulo, son la base de la proporción áurea, la divina proporción.

Esta proporción fue utilizada en todos sus templos, como en el Osirion, para relacionar a las tres dimensiones terrenales entre sí, y a éstas con la naturaleza.

De ahí se derivan todas las relaciones matemáticas fundamentales y los números más importantes como Fi y Pi; también simboliza la visión compartida, el mutuo entendimiento entre individuos iguales.

El Vescica Piscis es el espacio compartido, la intersección entre la esfera inicial y la nueva que es generada desde su borde. A partir de esta nueva esfera se repiten sucesivamente los movimientos hacia la membrana exterior para generar una nueva esfera. Cada una de ellas es una nueva dimensión, un nuevo sonido en la escala musical, un nuevo color en la escala cromática.

Así se van multiplicando las esferas hasta llegar a la séptima y última esfera, con la que se cierra el primer ciclo y se completa la Semilla de la Vida, representada en la figura 3.

Figura 3. *Semilla de la Vida*.

La ronda inicial de la Flor de la Vida la conforman siete esferas: siete días de la creación, siete notas musicales, siete colores espectrales, siete mares tiene la Tierra, siete principios herméticos, siete Profecías Mayas, siete chakras principales, siete capas de músculos tiene el corazón, siete sistemas de glándulas endocrinas tiene el cuerpo humano.

Este patrón geométrico se repite infinitamente; es la base de todo lo que existe. Siguiéndolo, la naturaleza hace crecer las flores; construye de una a dos a cuatro, a ocho células primarias, y así, el cuerpo humano o las galaxias. Al expandirse como una eterna espiral, va generando nuevas esferas. En la tercera ronda de giros se completan las 19 esferas que conforman la Flor de la Vida, que se presenta en la figura 4.

Este patrón geométrico toma la forma de una flor y es al mismo tiempo un proceso eterno; contiene las armónicas musicales, las escalas de la luz, los patrones de

Figura 4. *Flor de la Vida.*

crecimiento de los tejidos vivos. Cada esfera tiene la misma potencia para desarrollarse que la original. Así, la Flor de la Vida da lugar al Fruto de la Vida que genera su propia flor. La figura 5 presenta el Fruto de la Vida.

Cada esfera guarda en su interior los cinco sólidos platónicos que simbolizan los Cinco Elementos de la Naturaleza: el Fuego, la Tierra, el Aire, el Agua y el Espíritu, tal como se aprecia en la figura 6.

Representan la unión de la energía masculina y femenina; la recta y la curva, las dos matrices geométricas que son la base de toda la realidad existente. Los sólidos platónicos que están en perfecto equilibrio angular y equidistantes conectan los centros de todas las esferas; así aparecen el tetraedro, el cubo, el octaedro, el icosaedro y el dodecaedro.

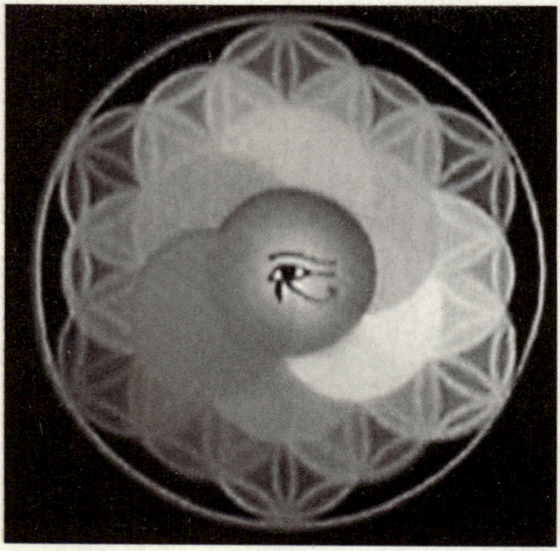

Figura 5. *Fruto de la Vida.*

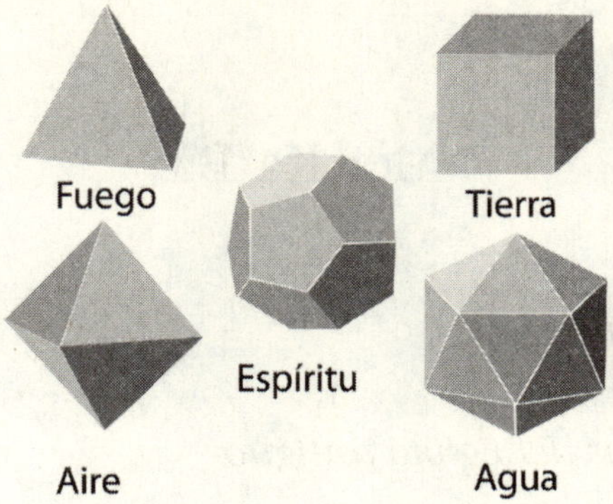

Figura 6. *Los Cinco Elementos de la Naturaleza.*

Son símbolos de la inseparable relación entre las partes y el todo; forman un principio de unidad para toda la geometría de las formas existentes, sin importar su diversidad. Patrones, diseños y estructuras que existen en la naturaleza, desde la más pequeña partícula, a expresiones de vida reconocidas por el ojo humano, hasta el gran universo. Todo sigue un arquetipo geométrico que nos revela la naturaleza de cada forma.

La Flor de la Vida revela que todo está conectado; que es inseparable; que es una unidad. Nos recuerda nuestra relación con el Todo y nos permite comprender los sagrados cimientos de todo lo creado. Con ella, los sacerdotes de la Escuela de Horus enseñaron el respirar del Todo; qué es Dios y cómo diversifica su conciencia a través de nuestra propia vida.[1]

[1] Los sólidos platónicos toman su nombre en honor a Platón, quien recibió entrenamiento de la Flor de la Vida de sacerdotes iniciados de la Escuela del Ojo de Horus. Fuente: Serie Infinito El Ojo de Horus, producción F. Malkún.

Mer Ka Ba

El respirar del Todo

Tres palabras del Egipto antiguo

Mer se refiere a un tipo específico de luz comprendido en Egipto durante la 18 Dinastía, que siguió la religión hacia la adoración de un Dios de toda la creación. Mer era visto como dos campos contrarrotatorios de luz girando en el mismo espacio. Estos campos son generados cuando una persona realiza patrones de respiración específicos.

Ka se refiere al espíritu individual de una persona.

Ba se refiere a la interpretación del espíritu de su realidad particular. En la realidad humana, Ba se define generalmente como el cuerpo o la realidad física. En otras realidades en donde los espíritus no tienen cuerpos, Ba se refiere a sus conceptos o a su interpretación de la realidad en el reino en donde ellos existen.

El Mer Ka Ba es un campo contrarrotatorio de luz, generado por la rotación de formas geométricas específicas, como se ilustra en la figura 7. Es un vehículo por medio del cual accedemos a otras dimensiones y planos de la realidad. La meditación Mer Ka Ba enseña el patrón geométrico del respirar del Todo a la vivencia del movimiento de la Flor de la Vida, la danza de las

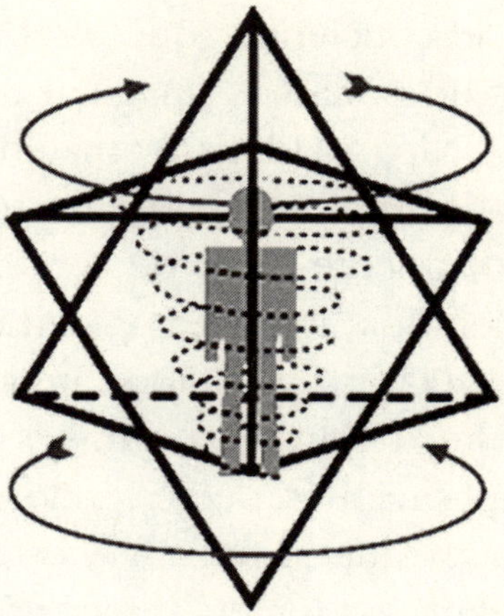

Figura 7. *Campos contrarrotatorios del Mer Ka Ba. Entendiendo "la Caída"*

esferas. Por medio del Mer Ka Ba nos conectamos con nuestro Yo Superior y llegamos a otros planos de la realidad: a la de los Maestros Ascendidos, el nivel del no-nivel, donde todo es uno.

Como bien es sabido, en la Biblia, o más bien en la interpretación de las Sagradas Escrituras, se maneja la leyenda de la caída como la bajada de un estado de gracia debido al "pecado original". Nada puede estar más lejos de la verdad. También se nos dice que fue porque elegimos probar el fruto del bien y del mal. Éstas son interpretaciones del concepto de la realidad regida en la dualidad después de la caída y pérdida de la conciencia de unidad. Nosotros vivimos hace milenios en el nirvana de la conciencia plena, literalmente en el Cielo en la Tierra, viviendo acorde con la Realidad Divina.

"En un tiempo nosotros existimos en la Tierra en un nivel muy alto de conciencia, que estaba muy lejos de cualquier cosa que podamos imaginar ahora. No tenemos siquiera la capacidad para imaginar el lugar en donde estuvimos una vez, porque quienes fuimos entonces está totalmente fuera de contexto con lo que somos ahora. Debido a los eventos particulares que sucedieron entre 16 000 y 13 000 años atrás, la humanidad cayó desde un lugar muy alto a través de muchas dimensiones e implicaciones, decreciendo constantemente en densidad, hasta que alcanzamos este lugar en particular, que llamamos la tercera dimensión en el planeta Tierra.

Cuando caímos —y esto fue como una caída— estábamos en una espiral de conciencia incontrolable bajando a través de las dimensiones de conciencia, cayendo a través del espacio. Cuando llegamos aquí a la tercera dimensión, se llevaron a cabo ciertos cambios específicos, tanto psicológicos como en la forma en la que funcionábamos en la realidad. El cambio más importante fue en la forma que respirábamos el Prana, una palabra hindú que significa la energía de fuerza de vida de este universo. El Prana es más vital para nuestra supervivencia que el aire, el agua, la comida o cualquier otra sustancia, y la forma en la que introducimos esta energía en nuestros cuerpos afecta radicalmente la forma como percibimos la realidad.

En los tiempos atlantes y anteriores, la forma como respirábamos Prana estaba directamente relacionada

[1] Drunvalo Melkizedek, *The Ancient Secret of the Flower of Life,* Light House Publishing.

con los campos de energía electromagnéticos que rodean a nuestros cuerpos.[1]

Todas las formas de energía en nuestros campos son geométricas. La que se trabaja en Mer Ka Ba es una estrella tetraédrica, que consiste en dos tetraedros interconectados. Otra forma de visualizarlo es como una Estrella de David tridimensional.

El vértice del tetraedro que apunta hacia arriba termina a la distancia de una mano sobre la cabeza, y el vértice del tetraedro que apunta hacia abajo termina a la distancia de una mano debajo de los pies. Para comprenderlo mejor, la figura 8 ilustra lo explicado anteriormente.

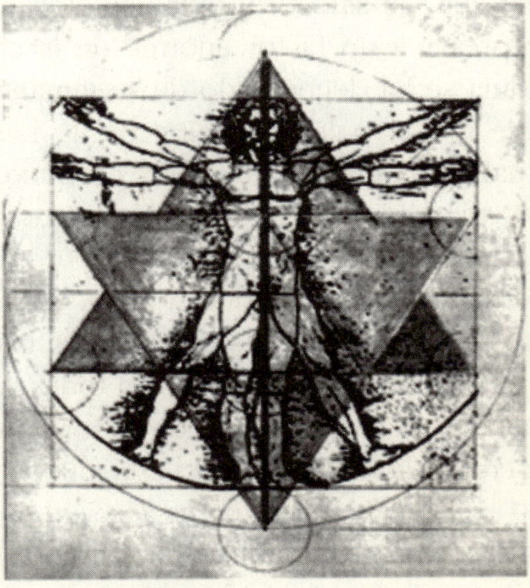

Figura 8. *Visualización del Mer Ka Ba.*

Desde el vértice superior hacia el punto inferior, corre un tubo a través de los principales centros de energía del cuerpo o chakras. Este tubo tiene el diámetro del círculo que formas cuando tocas tu dedo medio con tu pulgar. Se ve como un tubo de vidrio fluorescente, excepto que tiene una estructura cristalina en los extremos que encajan dentro de los dos vértices de la estrella tetraédrica.

Antes de la caída de la Atlántida, solíamos traer el Prana desde arriba y desde abajo de este tubo simultáneamente y los dos flujos de Prana se encontraban dentro de uno de nuestros chakras. Siempre ha sido un aspecto importante de esta antigua ciencia cómo y en dónde se encuentran estos flujos de Prana, lo que ahora sigue siendo materia de estudio a través del universo.

La glándula pineal, localizada en el centro de la cabeza, representa un factor enorme en la conciencia. Esta glándula se ha degenerado de su tamaño original, comparable a una pelota de ping pong, hasta su tamaño actual, el de un guisante seco, porque olvidamos cómo utilizarla hace mucho tiempo, y si no se usa se pierde.

La energía pránica solía fluir a través del centro de la glándula pineal. Contenidas dentro de la glándula pineal aun en su tamaño reducido están todas las geometrías sagradas y la comprensión de la forma exacta de cómo fue creada la realidad. Todo está allí, en cada persona. Pero esta comprensión no es accesible para nosotros porque perdimos nuestros recuerdos durante la Caída, y sin nuestra memoria comenzamos a respirar de una forma diferente. En lugar de tomar el Prana a través de la glándula pineal y circularlo hacia arriba y hacia abajo del tubo central, comenzamos a respirarlo a través de la nariz y la boca. Esto provocó que el Prana esquivara la glándula pineal, lo que dio como resultado que veamos las cosas en una forma totalmente diferente, a través de una interpretación distinta de la Única Realidad (llamado bueno y malo o conciencia de polaridad). El resultado de esta conciencia de polaridad nos mantiene pensando que estamos dentro de un cuerpo viendo hacia fuera, separados de alguna forma de lo que "está allá afuera". Esto es simple ilusión. Se siente real, pero no existe ninguna verdad en absoluto para esta percepción. Es simplemente la visión de la realidad que tenemos desde el estado de donde caímos.

El vehículo de ascenso

Hace 13 mil años estábamos conscientes de algo sobre nosotros, que hemos olvidado por completo desde entonces: los campos de energía geométricos alrededor de nuestro cuerpo, los cuales pueden ser encendidos de una forma particular que está conectada con nuestra respiración. Esos campos solían girar alrededor de nuestro cuerpo, muy cerca de la velocidad de la luz, pero disminuyeron su velocidad y dejaron de girar después de la Caída. Cuando este campo vuelve a encenderse y gira, es llamado un Mer Ka Ba, y su utilidad en esta realidad no tiene paralelo.

Nos brinda una conciencia expandida de quiénes somos, nos conecta con niveles superiores de conciencia y restablece la memoria de las posibilidades infinitas de nuestro ser.

> **Sin amor divino, el Mer Ka Ba es sólo una máquina, y esta máquina tendrá las limitaciones que nunca le permitirán al espíritu que la creó regresar a casa.**

Regresar a nuestro estado original es un proceso natural, que puede ser fácil o difícil de acuerdo a nuestros patrones de creencias. Sin embargo, involucrarnos simplemente con las relaciones técnicas del Mer Ka Ba, tales como corregir nuestros patrones de respiración, o darnos cuenta mentalmente de las conexiones infinitas con todos los patrones de la vida, no es suficiente. Más importante que el mismo Mer Ka Ba es la comprensión, la realización y la vivencia del amor divino. Ya que el amor divino, algunas veces referido como amor incondicional, es el factor principal que permite que el Mer Ka Ba se convierta en un campo viviente de luz. Sin amor divino, el Mer Ka Ba es sólo una máquina, y esta máquina tendrá las limitaciones que nunca le permitirán al espíritu que la creó regresar a casa y alcanzar los niveles de conciencia más altos, el lugar en donde no hay niveles.

Debemos experimentar y expresar amor incondicional con el fin de movernos más allá de esta dimensión. El mundo se está dirigiendo rápido hacia ese lugar superior. Nos estamos alejando del lugar del separatismo, en donde nos vemos a nosotros mismos dentro de un cuerpo que mira hacia fuera. Esa visión se irá pronto para ser reemplazada por una visión diferente de la realidad, en donde tendremos la sensación y el conocimiento de la unidad absoluta con toda la vida, y esa sensación crecerá más y más conforme continuemos subiendo a través de cada nivel en nuestro viaje a casa.[1]

[1] Drumvalo Melkizedek, *The Ancient Secret of the Flower of Life,* Ligt House Publishing.

El portal 11:11

La realidad física es un programa creado en códigos digitales. El ADN, nuestra memoria genética, está codificado para ser activado por códigos digitales o secuencias numéricas con frecuencias específicas. Esos códigos, que "fortuitamente" se "repiten", especialmente en la hora (en el microondas, en las placas de autos, direcciones, recibos), despiertan la mente al cambio y a la evolución de la conciencia.

El 11:11 es uno de esos códigos en donde la base conceptual del universo está revelada: la conciencia del "Yo Soy Yo", o sea, 11:11 multiplicado por 11:11 nos da 1234321, la base de la pirámide. A su vez, es el portal o patrón por el cual los ángeles llaman nuestra atención. Una de sus funciones fundamentales es el código de activación del nuevo ADN.

Conforme más te encuentres con esta frecuencia, verás también que tu vida aumentará en sus sincronías o *diocidencias*.

El año 2011 será el de nuestra activación, y la evolución de conciencia será exponencial para los que estén activados y preparados en su frecuencia 11:11. Habrá dos días coyunturales: el 1 de enero, que será visto como 1-1-11, y el 11 de noviembre, el cual sentará la base rítmica para el siguiente rayo galáctico sincronizador.

El 21-12-2012

El calendario más perfecto hecho por una civilización avanzada es el maya, que comienza en el año 3113 a.C. y concluye el 21 de diciembre de 2012 de nuestra era (21-12-2012). En él se revela que siempre hemos sido uno con el cosmos y que seres de otros planetas codifican sus mensajes para alinear nuestras frecuencias. Sus tallados en los muros demuestran que estamos unidos al cosmos por medio de las constelaciones y se anuncia la llegada del Ser de la Cruzada, es decir, el 12° planeta, llamado Nibiru, que significa "Lugar que Cruza" o "Lugar de Transición". Este planeta, conocido también como "Planeta X", es un cuerpo celeste que forma parte de nuestro sistema solar y cuyo alineamiento periódico con nuestra constelación eleva a la Tierra a otra dimensión.

En el libro *El Duodécimo Planeta*, Zecharía Sitchin dice que la nave que trajo a los Anunnaki (los habitantes de Nibiru) arribó al planeta antes del ingreso de Nibiru al sistema solar. Los Anunnaki se establecieron en la región de Irak y sentaron la base de la civilización actual. Sus enormes avances tecnológicos les permitieron establecer en la región una puerta espacio-temporal que uniría el espacio con la Tierra y poseían el secreto de la ciencia de la alquimia, la trasmutación de los elementos. Esta información ha sido destruida, pero existen enseñanzas que han sido diseminadas parcialmente.

En Alejandría, donde algunos de los secretos del Calendario Maya fueron rescatados, se encuentra tallada la descripción de los seres de Nibiru (que en el ámbito astronómico es conocido como The Crossing Planet), el 12° planeta (contando el Sol y la Luna), que completa la constelación y lleva a los seres a otra dimensión. Los jeroglíficos tallados también comprueban que los seres de Nibiru ya nos habían visitado. Muchas otras culturas avanzadas (atlante, egipcia, hebrea) también anuncian la llegada de ese planeta.

El calendario explica que el 21 de diciembre de 2012 nuestro Sol se alineará con el Agujero Negro (The Dark Rift), un portal cósmico situado en el centro de la galaxia que nos llevará de regreso al Creador. Esto sucederá a las 11:11 UT (Universal Time).

2 + 1 + 1 + 2 + 2 + 0 + 1 + 2 = 11

11:11 es el tiempo exacto del solsticio de invierno del 2012.[1]

[1] NASA.

La iniciación colectiva

La Madre Tierra está pasando por una iniciación colectiva en la que, tal como dicen las profecías, vivimos la Era del Salón de los Espejos. La era cibernética es reflejo de nuestra esencia divina manifestada por medio de programaciones numéricas.

El campo magnético de la Tierra está decreciendo y se detendrá al llegar a 13 ciclos por segundo, conocido como Punto Cero, en 2012. Algunos afirman que cuando la Tierra atraviese por el rayo galáctico que trae la alineación de Nibiru a nuestra constelación, la Tierra cambiará el sentido de su rotación en dirección contraria.

Resonancia Schumann y Punto Cero

La atmósfera de la Tierra lleva una carga, una corriente y un voltaje, y en ella se encuentran ondas electromagnéticas. Existe una cavidad definida por la superficie de la Tierra y el borde interno de la ionosfera, 55 kilómetros arriba. Las propiedades resonantes de esta cavidad terrestre fueron predichas por primera vez por el físico alemán Winfried Schumann, quien explica que la Tierra se comporta como un enorme circuito eléctrico. Las Resonancias Schumann son olas casi constantes de ondas electromagnéticas que existen en esta cavidad.

Los cambios en la resonancia dentro de la Tierra están afectándonos de diversas maneras: nuestros patrones de sueño y las relaciones interpersonales, entre otras.

Los cambios en la resonancia dentro de la Tierra están afectándonos de diversas maneras: nuestros patrones de sueño, las relaciones interpersonales, nuestra habilidad para regular nuestro sistema inmune y, sobre todo, nuestra percepción del tiempo.

Seguramente experimentas:

—Migrañas, dolores de cabeza, cansancio.
—Sensaciones eléctricas en las extremidades y la columna vertebral.

—Calambres en el sistema muscular.
—Síntomas parecidos a la gripe.
—Sueños intensos.

El cuerpo humano se volverá más sensible como resultado de las nuevas vibraciones. La Resonancia de la Tierra (Resonancia Schumann) ha sido de 7.8 Hz por miles de años. Desde 1980 se ha elevado hasta 12 Hz. Esto significa que 16 horas equivalen ahora a un día de 24 horas. El tiempo se está acelerando. El cuerpo físico comenzó a cambiar. Se está creando un nuevo cuerpo de luz. Nuestro ADN está siendo actualizado hasta llegar al ADN de 12 fibras, como fue predicho en la Profecía Maya.

El tiempo se está acelerando. El cuerpo físico comenzó a cambiar. Se está creando un nuevo cuerpo de luz.

Están emergiendo grandes habilidades intuitivas y curativas. Cada año esto se incrementará 10 veces. El tiempo parece acelerarse mientras nos aproximamos al Punto Cero. La Resonancia Schumann (o el latido de la Madre Tierra) ha sido de 7.8 ciclos por miles de años, pero se ha estado elevando, llegando casi a los 12 ciclos. Se detendrá a los 13 ciclos. El Punto Cero o el Cambio de las Edades ha sido predicho por los sabios antepasados durante miles de años.

Cuando la Tierra detenga su rotación y la frecuencia de resonancia alcance los 13 ciclos, estaremos en el campo magnético del Punto Cero. La Tierra se detendrá y en dos o tres días comenzará a girar nuevamente en la dirección opuesta.

Esto producirá una reversión en los campos magnéticos alrededor de nuestros planetas. Se ha dicho que después del Punto Cero, el Sol se elevará en el Oeste y se pondrá en el Este. La tecnología que conocemos operará diferente.

Este cambio de Resonancia nos vuelve a la vez más intuitivos. El giro del Punto Cero probablemente nos introducirá a la cuarta dimensión. Aquí, todo lo que pensemos o deseemos se manifestará instantáneamente. Esto incluye el amor y el miedo. Nuestra intención es lo determinante.

Comenzamos a despertar del yugo material, empezando por ver frente a nuestros ojos cómo se derrumba el sistema monetario actual. Es la era en que los conceptos basados en el miedo se disuelven totalmente. El Punto Cero cambia el giro de la Tierra y nos introducirá a la cuarta dimensión, que abre el portal de ascensión a la quinta dimensión.[1]

[1] Gregg Braden, *The Divine Matrix,* Hay House Publishing, India.

Sabiduría maya

Maya, la cultura matemática y astrológica sagrada

Mil años antes que las civilizaciones contemporáneas de su época, los mayas dominaban un sistema numérico binario exponencial (el mismo que utiliza la naturaleza en la división de las células) con base en el número 2, contando de 0 a 20. Quinientos años antes de los árabes ya utilizaban el concepto del 0. Su calendario, que sincroniza al Sol, la Luna y la Tierra con el universo, es más exacto que el gregoriano que utilizamos actualmente. Sus medidas astronómicas probaron ser tan exactas que, comparándolas con las medidas tomadas por la NASA (Centro Aeroespacial Estadounidense), son apenas diferentes en milésimas de segundo. Por ejemplo: según los mayas, la rotación completa de la Tierra alrededor del Sol es de 365 2420; mientras que la NASA la mide en 365 2422. Nuestros ancestros midieron la rotación del sistema solar en la galaxia, lo que corresponde a un ciclo cósmico que dura 25 920 años.

Por alguna razón, en el auge de su brillante civilización, literalmente se esfumaron y abandonaron sus ciudades, dejando atrás palacios, observatorios astronómicos, obras de arte, cientos de monumentos y estelas. Se dice que quedaron algunos guardianes de sus ciudades-Estado, y que ellos custodiaron los valiosos códices hallados hasta ahora. Sus ciudades, repobladas después por los olmecas, tal vez guardaban más secretos que se han perdido, pero en piedras esculpidas en bajorrelieve aparece una historia asombrosa en donde encontramos el legendario Calendario Maya. A la par de este hallazgo, se encontraron siete profecías que mencionan un inminente cambio.

Los mayas mencionaban que, desde el centro de la galaxia, el Hunab Ku, cada 5 125 años surge un "rayo sincronizador" que sintoniza al Sol y todos los planetas a través de una poderosa emanación de energía. Según los mayas, justamente en este nuevo milenio ingresamos en la mañana galáctica, y es marcada por el rayo sincronizador desde Hunab Ku. En 1998 la NASA descubrió que comenzaron a emitirse enormes cantidades de energía desde el centro de la galaxia.

Los mayas afirmaban que el periodo intermedio, el traspaso de un ciclo a otro, dura 20 años terrestres, y ellos lo llaman "El Tiempo del No-Tiempo", en donde ocurren grandes cambios. Justo el tiempo que estamos viviendo. Ahora es cuando debemos ser capaces de transformarnos, puesto que será nuestra decisión seguir como humanidad o perecer en nuestra autodestrucción. Esta transformación implica algo tan profundo como la elección de evolucionar. Energéticamente, conscientemente, completamente.

Los datos científicos recopilados en estos años respaldan esto. Veamos cómo:

- En septiembre de 1994 todas las líneas magnéticas terrestres sufrieron disturbios, disminuyendo y moviéndose, lo cual ocasionó que muchas ballenas encallaran y pájaros en migración se perdieran. Incluso en los aeropuertos debieron reimprimirse mapas y los aviones debieron aterrizar manualmente.

- En 1996, *Soho,* el satélite enviado a estudiar el Sol, descubrió que nuestro planeta ya no tenía Polo Norte y/o Sur, sino que se había convertido en un solo campo magnético: las polaridades se homogeneizaron.
- En el mismo año se produjo una alteración magnética que ocasionó que nuestro Polo Sur, en un solo día, se moviera 17° de su posición, comportándose erráticamente.
- En 1997 ocurrieron grandes tormentas magnéticas provenientes del Sol, que incluso destruyeron satélites que orbitaban la Tierra.
- Según las mediciones comparadas, la Tierra se ha acelerado y ha perdido gran parte de su energía magnética, ya que en 1996 teníamos 4 Gaus y en 1999 había disminuido a 1.5. La aceleración de la frecuencia vibratoria terrestre se demuestra en que, en 1997, la frecuencia era de 7.8 Hz, mientras que en 1999 se elevó hasta 11.5. Actualmente se encuentra en 12 Hz.

Cómo nos afecta…

Estudios realizados en cosmonautas rusos en un ambiente con magnetismo artificial mostraron que al disminuir a 0 Gaus, primero se produce en la persona gran confusión, luego manifiesta agresividad en aumento hasta llegar a la locura.

El electromagnetismo influye directamente en la conciencia y la razón. A su vez, la aceleración terrestre de la frecuencia nos afecta en lo relacionado con nuestra vibración, transmitiéndonos la misma agitación.

Sabemos que el "Sonido del Silencio", o sea la Resonancia Schumann, es de 7.8 Hz, en donde todo entra en armonía, equilibrándose. En nuestro cuerpo, las ondas cerebrales se dividen en Beta, Alfa, Theta y Delta, medidas en Hertzios. Beta, el estado de alerta, consciente y lúcido, se encuentra entre 12-30 Hz; Alfa, el estado más relajado de meditación y ensueño, es de 8 a 12 Hz; Theta de 4 a 8 Hz, y Delta de 1 a 4 Hz. Cuanto más profunda es nuestra relajación, baja dicha frecuencia. La vibración circundante de la Tierra —que cada vez es más elevada— provoca insomnio, incapacidad de concentración, nerviosismo, todas ellas características cada vez más acentuadas en estos últimos años.

La persona que carezca de herramientas de meditación para lograr un estado de conciencia más profundo y relajado, y que no pueda crear un campo magnético propio, no soportará este cambio. Conforme el Gaus vaya bajando, las personas incapacitadas experimentarán la locura. El temor es cada vez más manifiesto, la locura callejera, la violencia social, la desazón y la fatiga moral son una muestra clarísima de qué tan poderosos son los efectos de la perturbación de nuestro planeta. Es momento de evolucionar, de cambiar a una forma más elevada, puesto que, según los mayas, esta aceleración planetaria y su consiguiente pérdida de campo magnético irá *in crescendo*, llegando tal vez a 0 Gaus, e invirtiéndose la polaridad planetaria. Entramos a la Mañana Galáctica, al despertar de Gaia, donde los patrones de dominio, control y manipulación se desmoronan. Es el fin de la era del miedo, la disolución del yugo financiero, la elevación de la frecuencia vibracional para llevar a la Tierra a su despertar.

Segunda Parte

EL DISEÑO DIVINO

El Diamante Real

El Diamante Real es una luz esmeralda, en forma de un diamante, con la Luz Crística dorada rodeándolo; vibra en la cuarta dimensión y está flotando en nuestro campo energético tridimensional, pero olvidamos cómo activarlo. Es un regalo divino con el cual podemos experimentar nirvana en nuestra realidad, creándola con las cuatro esquinas de la perfección del Diamante Real, el regalo desde nuestra propia cuarta dimensión, del Cristo Interior, el Maestro Creador. En la figura 9 se muestra la imagen del Diamante Real.

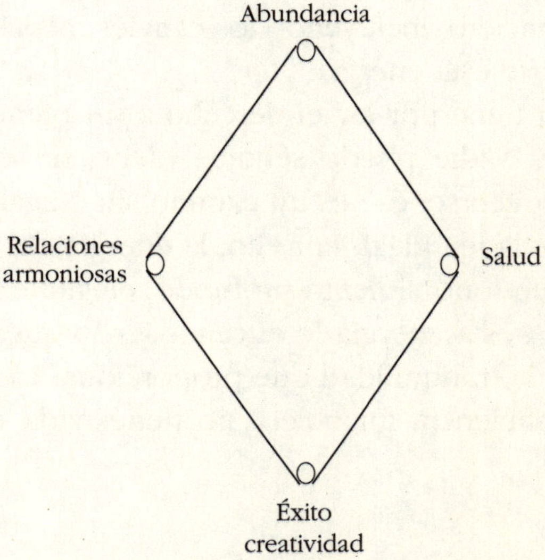

Figura 9. *Diamante real.*

La razón por la cual está armado de esta forma es porque sus cuatro esquinas representan fundamentos esenciales para la vida tridimensional: abundancia, salud, éxito creativo y relaciones armoniosas. Éstos son los Cuatro Arcanos o Arquetipos fundamentales, las energías celestes vivientes que sostiene el patrón de la creación.

Cada una de las cuatro esquinas del diamante representa un patrón específico o mapa para la manifestación de la energía en forma.

Patrón de abundancia (esquina superior)

Es una esplendida selección de circuitos de poder para la radiación, manifestación, atracción y expansión del proveer financiero, incluyendo los canales mediante los cuales se surte esta energía.

Todo ser tiene por ley el derecho a ser pleno y autosuficiente. Nadie puede sentirse pleno sin estabilidad para proveerse; ése es un camino sin elegancia en violación de la ley ideal. Por ello, la energía del dinero es vista en un tono violento profundo, elegante y lleno de alegría. A esta energía le encanta ser lo que es por lo que da y la tranquilidad que proporciona. La angustia por insuficiencia financiera no tiene nada de elegante.

Patrón de entereza corporal
(esquina derecha)

Son los circuitos energéticos para sanar, restablecer, revitalizar, fortalecer, nutrir y revivir nuestro cuerpo y mantenernos en un estado de perfecta salud.

Por ley, a todo ser le fue dado un cuerpo vibrante de salud plena. La salud es un nivel de conciencia, una frecuencia; por lo tanto, el cuerpo no puede estar enfermo si no existe un desequilibrio en la conciencia. El cuerpo es sólo el vehículo para la manifestación de los movimientos ocurridos en un plano superior.

Patrón del éxito
(esquina inferior)

Es la fuerza creativa del gran triunfo, el espíritu del logro, la energía para seguir nuestra aspiración divina y cumplir nuestro más alto destino.

Por ley ideal, todo ser tiene el derecho a hacer eso que es su vocación, su llamado. En ello reside la felicidad de la expresión creativa. Si haces algo que no te gusta, no importa cuánto seas pagado por ello o cuánto dinero tengas o cuánta salud, no serás plenamente feliz. Eventualmente, puedes ver afectada tu salud al hacer algo que no te hace vibrar, y perderás uno de los fundamentos del Diamante Real.

Patrón de las relaciones personales (esquina izquierda)

Está lleno de circuitos que nos hacen atraer la pareja correcta y atraer a gente armoniosa y compasiva. Por ley, todo ser tiene el poder de atraer a sí mismo la relación que desea, la cual va acorde con los movimientos ocurridos en el plano de la conciencia.

Los Arquetipos, también conocidos como "los Ángeles Interiores", son los que sostienen el Diseño Divino. Emanan de la Mente Divina, son rayos de luz que se manifiestan en la Tierra tridimensional.

Existen 22 Ángeles o Arcanos que fueron los Arquetipos o patrones del universo originales. Son las ideas divinas de Dios y de los cuales parten todas las cosas. Los primeros cuatro Arquetipos son los guardianes del patrón que sostiene el Diamante del Diseño Divino, pero los 18 Arcanos restantes tienen un rol vital en el despertar de la conciencia real.

1. Ángel de la Abundancia: En la sabiduría de todos los tiempos, es considerado el arquetipo Venus. Su energía planetaria es la de ese mismo planeta y su representación simbólica en el tarot es la Emperatriz. Su labor es reproducir el patrón perfecto de la abundancia, asegurando un estado de suficiencia plena en todo momento. Su liderazgo en el Diamante Real es el punto de partida (esquina superior), ya que la escasez, la pérdida y la limitación tienen influencia directa en nuestra salud, nuestro desempeño creativo

y nuestras relaciones personales. Diosa: Abundantia.

2. Ángel de la Verdad y la Iluminación: Arquetipo egipcio Ra, el poder que resucita el alma; para los griegos conocido como Apolo, el dios del Sol y la luz. En el tarot antiguo es el Sol, igual que en la astrología esotérica. La misión es activar el circuito de energía vital para preservar la salud física. La diosa mitológica que lo representa es Ixchel.
3. Ángel del Éxito: El arquetipo del éxito fue llamado Kronos en las primeras Escuelas de Misterios, un ser que destruía las limitaciones del tiempo en el mundo tridimensional para revelar la realidad divina en el presente. En otras sagradas academias este poder causal fue llamado Saturno, el mensajero venidero que entrega regalos y recompensas. En el tarot, su poder es simbolizado por el Mundo, una carta que representa el complemento terrenal de cualquier asunto. Simboliza la plenitud, la suma de toda la creación y representa el patrón de lugar del éxito creativo (esquina inferior). La diosa de esta esquina del diseño divino es Lakshmi.
4. Ángel de las Relaciones Amorosas: Situado en el ángulo izquierdo del Diamante Real, es llamado Anubis, asociado con el Sol en las Escuelas de Misterio Egipcias como símbolo de iluminación e inmortalidad. Este ángel protege con sus alas las relaciones interpersonales y nos ayuda a tomar las decisiones correctas en asuntos del amor. En

el tarot, está representado por la carta de los Amantes, simbolizando la unión de las dualidades, femenino-masculina, complementándose uno al otro. La diosa que lo representa es Isolt.

5. Ángel del Amor Incondicional y la Libertad: Nos enseña a ser inocentes y funciona como la fuente por la cual fluye el amor divino. Nos asiste para ver nuestra divinidad y la divinidad en los demás. Arquetipo: Tao, Krishna. Energía planetaria: Urano. Carta del tarot: El Tonto. Diosa: Kuan Yin.
6. Ángel de la Ilusión y la Realidad: Nos ayuda a separar lo falso de lo cierto a través de la energía creativa. El principio iluminador que libera a la mente de sus ataduras y nos hace ver el Plan Divino. Arquetipo: Hermes, Mercurio. Energía planetaria: Mercurio. Carta del tarot: El Mago. Diosa: Dana.
7. Ángel de la Sabiduría Creativa: Nos ayuda a resolver problemas pronto, imparte la sabiduría espiritual, se asegura de que nuestro juicio sea justo y correcto y estimula la acción instintiva. Arquetipo: Isis. Energía planetaria: Lunar. Carta del tarot: La Gran Sacerdotisa. Diosa: Rhianon.
8. Ángel del Poder y la Autoridad: Provee de energía, decisión y determinación con el respaldo de la voluntad de Dios en cada situación. Arquetipo: Osiris, Hércules. Energía planetaria: Aries. Carta del tarot: El Emperador. Diosa: Pele.
9. Ángel de la Comprensión Espiritual: Eleva nuestra percepción hacia la verdad y permite captar la información emitida en planos más elevados de la

realidad. Aumenta nuestra comprensión del universo esotérico. Arquetipo: El Gran Maestro. Energía planetaria: Tauro. Carta del tarot: El Gran Sacerdote. Diosa: Sulis.

10. Ángel del Triunfo y la Victoria: Es el arquetipo del conquistador; nos ayuda a llegar a nuestro objetivo con determinación y estimula la tenacidad y la resolución. Arquetipo: Serapis. Energía planetaria: Cáncer. Carta de tarot: El Carruaje. Diosa: Vesta.
11. Ángel de la Armonía y el Orden: Es la vibración de paz en la conciencia que nos ayuda a mantener balance y justicia en todas las situaciones e inspira a vivir con integridad. Arquetipo: Atena, Minerva. Energía planetaria: Libra. Carta del tarot: Justicia. Diosa: Maat.
12. Ángel del Discernimiento: Funciona mejor en momentos de soledad para entrenar nuestra mente a ser prudente y nos guía a tomar acciones con discernimiento correcto. Arquetipo: Adonis. Energía planetaria: Virgo. Carta del tarot: El Ermitaño. Diosa: Nemetona.
13. Ángel de los Ciclos y las Soluciones: Nos da la habilidad de aceptar los cambios y movernos hacia ciclos expansivos con la actitud de que nada más que nuestro bien mayor está teniendo lugar. También es conocida como la energía de los milagros. Arquetipo: Zeus, Júpiter. Energía planetaria: Júpiter. Carta de tarot: La Rueda de la Fortuna. Diosa: Maeve.

14. Ángel de la Fuerza Espiritual y la Voluntad: Te ayuda a tener voluntad mental, determinación emocional y fortaleza física para seguir el camino espiritual a pesar de las tentaciones mundanas. Arquetipo: Hija de la Espada Ardiente. Energía planetaria: Leo. Carta del tarot: Fuerza. Diosa: Sekhmet.
15. Ángel de la Renunciación y la Regeneración: Nos dota de la energía para entregarnos, para rendirnos en lo material, enseñándonos con soltura la belleza de "tener nada para poseerlo todo". Arquetipo: Poseidón, Neptuno. Energía planetaria: Neptuno. Carta del tarot: El Ahorcado. Diosa: Eireen.
16. Ángel de la Muerte y el Renacimiento: Es la energía de la metamorfosis. Este arquetipo nos ayuda a atravesar el ego y percatarnos de nuestra verdadera identidad espiritual. Arquetipo: Tanatos, Muerte. Energía planetaria: Escorpión. Carta del tarot: Muerte. Diosa: Kali.
17. Ángel de la Paciencia y la Aceptación: Provee la energía que nos permite confiar en el proceso divino de enfrentar "venga lo que venga", viviendo nuestro día a día con calma y ecuanimidad. Arquetipo: Iris. Energía planetaria: Sagitario. Carta del tarot: Templanza. Diosa: Kumara.
18. Ángel de lo Material y la Tentación: Nos ayuda a mantenernos aterrizados hasta que estemos listos espiritualmente para despertar a la cuarta y quinta dimensiones. Arquetipo: Janus. Energía planetaria: Capricornio. Carta del tarot: La Vieja Olla. Diosa: Isis.

19. Ángel del Valor y la Perseverancia: Nos da la energía y el valor para vivir en la verdad y a perseverar para mantener un nivel elevado de conciencia a pesar de lo que esté sucediendo a nuestro alrededor. Arquetipo: Aries, Marte. Energía planetaria: Marte. Carta del tarot: La Torre. Diosa: Diana.
20. Ángel del Servicio y la Síntesis: Nos motiva al servicio en el mundo y ayuda a comprender que una vida de servicio y retribución es requisito primario para alcanzar la maestría. Arquetipo: Ganymede. Energía planetaria: Acuario. Carta del tarot: La Estrella. Diosa: Mawu.
21. Ángel de la Imaginación y la Liberación: Nos enseña a despertar el tercer ojo, fortaleciendo la visión espiritual que faculta para ver la verdad en el reino elevado y que es posible aterrizar en el plano tridimensional. Arquetipo: Artemis, Diana. Energía planetaria: Piscis. Carta del tarot: La Luna. Diosa: Artemis.
22. Ángel de la Palabra Creativa: Libera la energía para mover la conciencia por encima de los errores manifestados en donde la palabra hablada puede ser utilizada para corregir situaciones y resolver asuntos para el bien de todos. Arquetipo: Hades, Pluto, Fénix. Energía planetaria: Plutón. Carta del tarot: El Juicio. Diosa: Sarasvati.

Trabajando con los 22 Arcanos

Si estás experimentando…	*Invoca al Ángel del*
Accidentes	Discernimiento (12)
	Orden y Armonía (11)
Apatía	Éxito (3)
Confusión	Ilusión y Realidad (6)
	Relaciones Armoniosas (4)
	Paciencia y Aceptación (17)
Culpabilidad	Palabra Creativa (22)
Depresión	Fuerza Espiritual y Voluntad (14)
Derrota	Victoria y Triunfo (10)
	Fuerza Espiritual y Voluntad (14)
Enojo	Orden y Armonía (11)
	Valor y Perseverancia (19)
Escasez	Abundancia (1)
Falta de confianza en ti mismo	Servicio y Síntesis (20)
Fracaso	Éxito (3)
	Victoria y Triunfo (10)
Miedo	Imaginación y Liberación (21)
	Ilusión y Realidad (6)
	Renunciación y Regeneración (15)
	Servicio y Síntesis (20)

	Amor Incondicional y Libertad (5)
Peligro	Valor y Perseverancia (19)
Problemas domésticos	Abundancia (1)
	Relaciones Armoniosas (4)
Problemas legales	Palabra Creativa (22)
	Discernimiento (12)
Problemas físicos	Verdad e Iluminación (2)
Problemas de pareja	Relaciones Armoniosas (4)
	Orden y Armonía (11)
Problemas sexuales	Abundancia (1)
	Relaciones Armoniosas (4)
	Éxito (3)
Victimismo	Poder y Autoridad (8)
	Renunciación y Regeneración (15)

Reactivación de la Conciencia Crística

El Diamante Real es color verde esmeralda y lo rodea una Luz Crística cuartodimensional. Es un campo energético que podemos activar elevando nuestra frecuencia vibratoria por medio de la meditación creativa. Lo vital de una visualización creativa es la realidad que le demos a la proyección que sale desde nuestro tercer ojo, el lugar de la imaginación. La entrega a la visualización hace que el salto cuántico tenga lugar. Es vital que antes de iniciar los ejercicios medites para aquietar tu mente y llegues al punto de silencio interior. Te aconsejo darte un baño antes de comenzar, dejando que el agua limpie energéticamente tu ser. Ponte ropa cómoda, holgada, de tela natural.

Activando Abundancia

Siéntate en una silla con la espalda erguida. Pon los pies lado a lado en el suelo y tus manos en tu regazo. Mantén una posición erguida pero relajada. Recuerda tener correcta postura y correcta atención.

Concéntrate en tu respiración…

En cada inhalación absorbes luz, en cada exhalación sueltas paz… deja que esta luz y esta paz te envuelvan como una burbuja que te protege... en ella flotas y todo es seguro...

Piérdete en tu respiración; entrégate a ella, sumérgete en ella. En cada inhalación sientes tu cuerpo cargarse de luz, en cada exhalación lo sientes exhalar paz.

Ahora, visualiza cómo el Diamante Real se activa en tu ser: siéntete en su luz, haz vibrar tus células en sus circuitos. Enfócate en la esquina superior del diamante. Siéntete en esta luz cuartodimensional envolver tu ser, activándolo, regresándolo al plano superior del que cayó. Afirma desde tu Ser Creador:

Abundancia es la condición natural. Me concedo el derecho de tener: soy merecedor de la elegancia para proveerme, de tener los medios financieros para hacer lo que quiero. Me libero de la atadura mental de la escasez, ya que por ley tengo derecho a manifestar la abundancia infinita del Ser.

Siente los circuitos de la esquina superior activar su poderosa y elegante luz morada profunda que sana los circuitos de suficiencia plena, así como los conductos por los cuales la energía del dinero llega a ti. Ábrete a merecer; la energía femenina del dinero ama ser lo que es por la paz que proporciona, al convertir al poseedor libre en su capacidad de adquisición.

Vibra en la luz morada. Siente sus circuitos energéticos envolverte, siente tus células liberarse de la carga de la duda, de la preocupación, del temor. Vibra en la elegancia y vitalidad del amor.

Ahora, desplaza tu foco a la siguiente esquina del Diamante Real ubicada en la parte derecha.

Activando Salud

Entra al circuito verde vibrante el patrón que sostiene la salud. Vibra en la energía del restablecimiento y regeneración constantes. La energía masculina del arquetipo de la salud te empodera, te mantiene en salud plena. Decreta:

Salud vibrante es la condición natural. Me libero de la necesidad de crecer a través de la enfermedad; mi cuerpo es un organismo pleno y autoconsciente; abro mis órganos para captar la energía universal que nutre infinitamente mi vitalidad. Soy pleno y sano aquí y ahora.

Siente los circuitos verde profundo penetrar tu ser, reabriendo tus moléculas para el restablecimiento de tus células. Eres pleno, habitas en un cuerpo capaz de proveerse de la energía universal para metabolizarla en salud.

Ahora desplaza tu conciencia a la tercera esquina, en la parte inferior.

Activando Éxito

Ingresaste a la esquina vibrante de luz amarilla, una fuerza de energía masculina que activa tu capacidad de seguir tu llamado y realizarte haciendo aquello que sabes que naciste para hacer. Decreta con todo tu ser:

Éxito es la condición natural. Me concedo el derecho de la realización creativa. Estoy en el lugar adecuado haciendo lo que amo y amando lo que hago. Tengo el derecho de sentirme realizado, pleno y satisfecho de seguir mi llamado.

Esta energía es alegre, de festejo. Haz vibrar tus células en esta frecuencia, deja que tu ser creativo te lleve por tu verdadero camino.

Ahora desplaza tu tercer ojo a la cuarta esquina, ubicada a la izquierda.

Activando Relaciones Amorosas

Siente los circuitos del rojo cálido del amor envolver todo tu ser. En estos circuitos se encuentra el patrón de las relaciones interpersonales, así como los conductos por los cuales las personas adecuadas llegan a nosotros y nosotros a ellas.

Afirma con plena convicción:

El amor incondicional es la condición natural. Me acepto y acepto a los demás. Me libero de la mente que juzga y condena. Atraigo a mi vida seres que reflejan este sentimiento de hermandad y buena voluntad.

Siente tu cuerpo vibrar en el Diamante Real. Con sus cuatro esquinas activadas, nutriendo tu ser y manteniéndolo en plena vitalidad. Termina tu meditación creativa contando tu respiración en cuenta regresiva.

Quédate en la silla por unos minutos. Levántate y continúa con tu día lleno de alegría, permitiéndote vibrar en la alta resonancia de la fe absoluta.

Acepta la verdad. En el plano cuartodimensional no existe la escasez, la enfermedad, el fracaso o la soledad. Esto es producto de la conciencia que parte de la dicotomía después de la Caída. Una mente que evalúa las vivencias en el bien y el mal, creando con ello la recompensa o culpabilidad, es una mente culposa que genera la necesidad de autocastigo.

Tercera Parte

DE REGRESO A CASA

Mer Ka Ba aplicada

Como vimos anteriormente, el Mer Ka Ba es un vehículo cuartodimensional que nos permite acceder a niveles más altos de la realidad; un campo contrarrotatorio de luz que nos da acceso a dimensiones más elevadas. Los patrones de respiración específicos que se siguen durante la meditación son el código de activación.

Como en todo, tu intención al practicar es vital. El Mer Ka Ba es una máquina que, sin tu intención de corazón, no puede ser activada. Es importante que visualices nítidamente la estrella tetraédrica (los dos tetraedros entrelazados, como dos pirámides tridimensionales) y que te veas dentro de ella. Recuerda que una manera sencilla de pensar en esta figura sería como una Estrella de David tridimensional, tal como se muestra en la figura 10.

Hay tetraedros femeninos y masculinos, de acuerdo con la posición de la pirámide superior. La pirámide superior de la estrella tetraédrica masculina —como el caso de la figura 10— tiene una arista hacia la parte delantera del cuerpo, mientras que la pirámide superior de la estrella tetraédrica femenina tiene la parte plana hacia el frente del cuerpo.

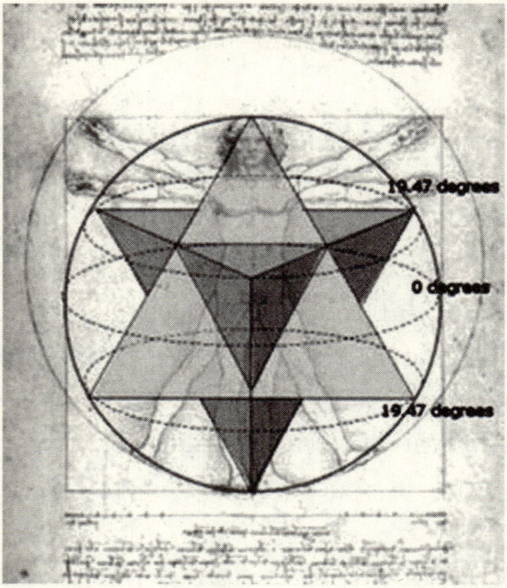

Figura 10. *Mer Ka Ba*.

Es importante mantener esta visualización en la mente mientras se realiza el resto de la meditación inhalando y exhalando en la forma que se indica.

El Mer Ka Ba se activa mediante dos fases de respiración. La primera, que se compone de 17 respiraciones, nos lleva a abrir el Mer Ka Ba y activarlo. La segunda fase consta de 13 respiraciones más. La primera fase está compuesta de cuatro subfases. La primera subfase es de seis respiraciones, la segunda de siete, la tercera de una, y la cuarta tiene tres respiraciones. La segunda fase se compone de nueve subfases, divida en conjuntos de una y cuatro respiraciones. La respiración comienza en Yang, desde el lado masculino, sistematizado, y se va tornando hasta llegar a Yin, la forma femenina.

Equilibrando y sintonizando

En las primeras seis respiraciones el objetivo es equilibrar y sintonizar las polaridades de los ocho circuitos eléctricos que componen el cuerpo.

Restablecer el flujo de Prana

De la respiración siete a la 13, lubricarás el tubo pránico que se ha activado después de la primera secuencia. Es simplemente estar ahí para que suceda.

Apertura del portal

La respiración 14 abre el portal cuartodimensional.

Activación del Mer Ka Ba

De la respiración 15 a 17, preparas el vehículo

Una vez ahí, es cuando la meditación se torna femenina, al sólo concentrarse en fluir en la burbuja que encierra nuestra estrella tetraédrica. Es importante que te mantengas en esa esfera.

Trabajo espiritual

En la segunda fase del Mer Ka Ba, que consta de las 13 respiraciones finales, permanecerás en la esfera realizando el trabajo espiritual que requieras.

Los 8 circuitos

El tetraedro tiene ocho picos, justo como nosotros tenemos ocho circuitos de partículas electrónicas y ocho chakras (contando el que se abre al activar el Mer Ka Ba una vez que se ilumina el Kundalini). Cada respiración tiene un mudra específico. Un mudra es un gesto sagrado hecho con las manos para invocar cierta energía, ya que cada mudra posee cualidades específicas.

1ª. respiración:
Mudra: Jñana

Dedos pulgar e índice unidos por las puntas.

Inhala contando: 1, 2, 3, 4, 5, 6, 7.

Ojos bizcos arriba y abajo, exhalando y permitiendo que salga la energía.

Exhala contando: 1, 2, 3, 4, 5, 6, 7.

Las propiedades de este mudra son poderosas, ya que en el plano físico alivia los desórdenes del sistema nervioso. En el plano mental aporta una mayor facilidad de concentración y atención a la vez que estimula la memoria. En el plano emocional despierta una sensación de ternura y afectividad, y en el plano espiritual pone en contacto directo con la sabiduría y el conocimiento de la divinidad.

2ª. respiración:
Mudra: Shunya

Dedos pulgar y medio unidos por las puntas.

Inhala contando: 1, 2, 3, 4, 5, 6, 7.

Ojos bizcos arriba y abajo, exhalando y permitiendo que salga la energía.

Exhala contando: 1, 2, 3, 4, 5, 6, 7.

Este mudra te pone en contacto con tu espíritu para que escuches sus sabios consejos y sus importantes mensajes sobre ti mismo y tu vida, abriendo así tu capacidad de escuchar atentamente. En este mudra la comprensión se materializa y trae una mejora de tus relaciones personales, ya sean de amor o de amistad. También te ayuda a prestar más atención a cómo se sienten los demás y a ejercitar el músculo de la empatía. La capacidad de introspección profunda que te otorga este mudra te permite descubrir tu karma. Si deseas activar algo de tu pasado, algo que sientas que aún no has sanado, practica con frecuencia este mudra y pídele que te revele la herida y cómo sanarla.

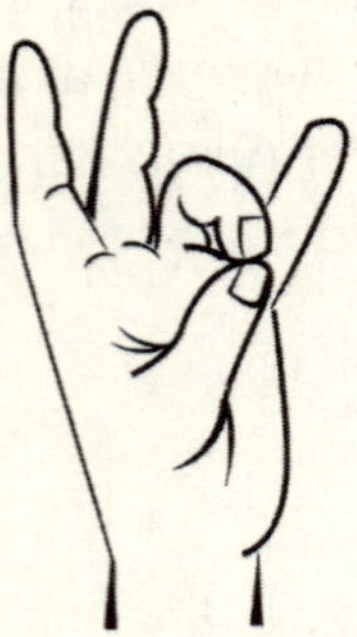

3ª. respiración:
Mudra: Prithivi

Dedos pulgar y anular unidos por las puntas.

Inhala contando: 1, 2, 3, 4, 5, 6, 7.

Ojos bizcos arriba y abajo, exhalando y permitiendo que salga la energía.

Exhala contando: 1, 2, 3, 4, 5, 6, 7.

Éste es el mudra de nuestra amada Madre Tierra. Ayuda a que despiertes la absoluta confianza en la vida y en ti mismo. Te ayuda a sentirte seguro y con la fe suficiente en que tendrás un tránsito firme y sólido en la vida. Si tiendes a sentir temor o inseguridad, este mudra te será de mucha utilidad. Con él puedes despertar todos los poderes del primer chakra, a tu "estar en la Tierra", por lo que también te ayuda en cuestiones mundanas —pero igualmente vitales—, como la búsqueda de empleo, de casa o de dinero. Realiza con fe y entrega este mudra, y verás cómo abres los caminos necesarios que te llevarán a tu verdadero destino. Este mudra te une al cordón de la Tierra, por donde fluye la energía ilimitada.

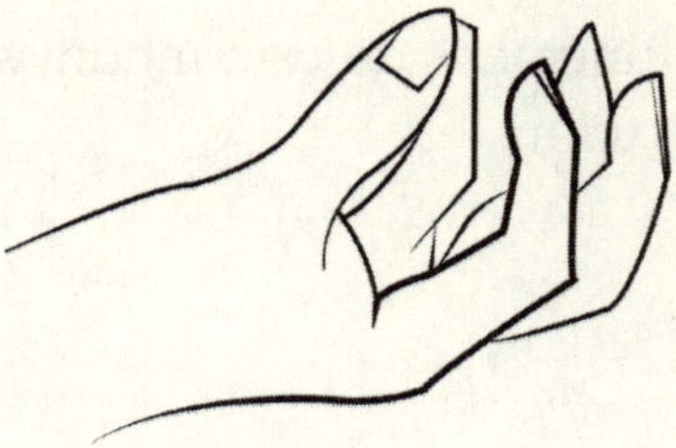

4ª. respiración:
Mudra: Buddhi

Dedos pulgar y meñique unidos por las puntas.

Inhala contando: 1, 2, 3, 4, 5, 6, 7.

Ojos bizcos arriba y abajo, exhalando y permitiendo que salga la energía.

Exhala contando: 1, 2, 3, 4, 5, 6, 7.

Este mudra representa a Mercurio y estimula la comunicación clara e intuitiva con nosotros mismos, con nuestros semejantes y con la naturaleza. Te sensibiliza y centra acorde con las energías más sublimes. Si tiendes a ser escéptico, o te cuesta salirte del plano mental, sensibiliza este mudra, y verás cómo poco a poco ese nivel más allá del intelecto se clarifica y cómo te cuesta menos trabajo acceder a él.

5ª. respiración:
Mudra: Jñana

Dedos pulgar e índice unidos por las puntas.

Inhala contando: 1, 2, 3, 4, 5, 6, 7.

Ojos bizcos arriba y abajo, exhalando y permitiendo que salga la energía.

Exhala contando: 1, 2, 3, 4, 5, 6, 7.

La explicación sobre las funciones de este mudra se presentó en la primera respiración.

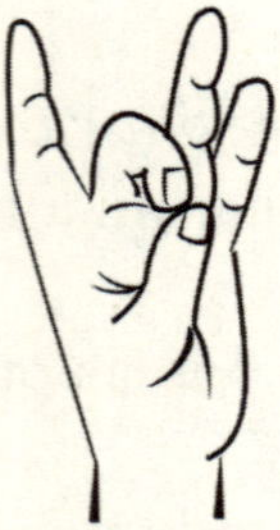

6ª. respiración:
Mudra: Shunya

Dedos pulgar y medio unidos por las puntas.

Inhala contando: 1, 2, 3, 4, 5, 6, 7.

Ojos bizcos arriba y abajo, exhalando y permitiendo que salga la energía.

Exhala contando: 1, 2, 3, 4, 5, 6, 7.

La explicación sobre las funciones de este mudra se presentó en la segunda respiración.

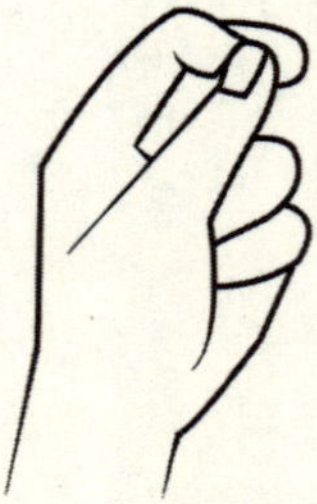

7ª. respiración:
Mudra: Kubera

Tres dedos.

Inhala contando: 1, 2, 3, 4, 5, 6, 7.

Visualiza el tubo y el flujo de Prana fluyendo en

ambas direcciones hacia el ombligo, creando una esfera del tamaño de una naranja brillante de color blanco al inhalar.

Exhala contando: 1, 2, 3, 4, 5, 6, 7.

Éste es un mudra muy poderoso y mágico, concentra toda la energía del cuerpo, la mente y el espíritu en algún deseo concreto, sea del tipo que sea, ayudando a conseguirlo.

De la 7ª a la 14ª respiración, se usará el mismo mudra.

8ª. respiración:

Mudra: Kubera

Tres dedos.

Inhala contando: 1, 2, 3, 4, 5, 6, 7.

Visualiza el tubo y el flujo de Prana fluyendo en ambas direcciones hacia el ombligo y expande ahora la esfera color blanco a 20-22 cm.

Exhala contando: 1, 2, 3, 4, 5, 6, 7.

9ª. respiración:

Mudra: Kubera

Tres dedos.

Inhala contando: 1, 2, 3, 4, 5, 6, 7.

Visualiza el tubo y el flujo de Prana fluyendo en ambas direcciones hacia el ombligo y ahora imagina la esfera color blanco más brillante.

Exhala contando: 1, 2, 3, 4, 5, 6, 7.

10ª. respiración:

Mudra: Kubera

Tres dedos.

Inhala contando: 1, 2, 3, 4, 5, 6, 7.

Visualiza el tubo y el flujo de Prana fluyendo en ambas direcciones hacia el ombligo. Ahora la esfera cambia a un color dorado y va creciendo al tamaño de los dedos, de los brazos, rodeando todo el cuerpo al exhalar por la boca con presión. Expande la esfera dorada hasta la altura de los brazos.

Exhala contando: 1, 2, 3, 4, 5, 6, 7.

11ª. 12ª. y 13ª. respiraciones:

Mudra: Kubera

Tres dedos.

Respira por la nariz. Estabiliza la esfera dorada y aumenta su energía.

Inhala contando: 1, 2, 3, 4, 5, 6, 7.

Visualiza el tubo y el flujo de Prana fluyendo en ambas direcciones hacia el ombligo. Expande la esfera dorada hasta la altura de los brazos.

Exhala contando: 1, 2, 3, 4, 5, 6, 7.

14ª respiración:

Mudra: Atmanjali

Una mano sobre otra, los dedos pulgares se tocan, con las manos en el regazo.

Hombres: palma izquierda sobre la derecha, posición relajada.

Mujeres: palma derecha sobre la izquierda, posición relajada.

Al inhalar, une tus manos y elévalas a la altura del corazón.

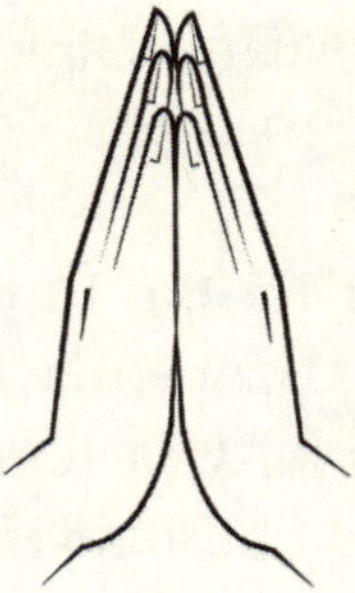

Respira por la nariz. Estabiliza la esfera dorada y aumenta tu energía.

Inhala contando: 1, 2, 3, 4, 5, 6, 7.

Eleva el centro de la esfera de la Tercera a la Cuarta Dimensión de la Conciencia Crística.

Exhala contando: 1, 2, 3, 4, 5, 6, 7.

Visualiza el flujo de Prana y sube la esfera de luz dorada hasta la altura del corazón.

Tomar en cuenta que este mudra lleva un doble movimiento, del regazo al corazón y viceversa.

Esta respiración conduce de la Tercera Dimensión de Conciencia Terrestre a la Cuarta Dimensión de Conciencia Crística.

Concéntrate en la esfera dorada que envuelve todo tu cuerpo, y el flujo de Prana que entra por la parte alta de tu cabeza y perineo fluyendo hasta tu corazón. Recuerda que estás respirando de una manera esférica.

15ª. respiración:

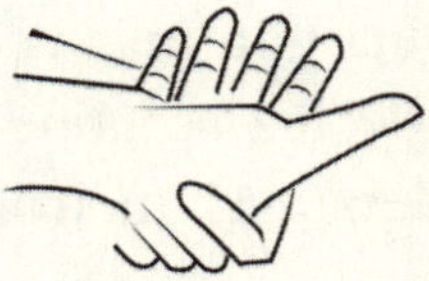

A partir de esta respiración ya no se aplica ningún mudra. Tus manos deben estar relajadas, aunque se sugiere seguir en el mudra anterior, la posición tradicional de la meditación.

En esta respiración te encontrarás en la Cuarta Dimensión.

Respira por la nariz. Estabiliza la esfera dorada y aumenta tu energía.

Inhala contando: 1, 2, 3, 4, 5, 6, 7.

Mantén el centro de la esfera en la Cuarta Dimensión de la Conciencia Crística.

Exhala contando: 1, 2, 3, 4, 5, 6, 7.

Esta respiración activa el campo Mer Ka Ba. La estrella tetraédrica masculina gira hacia la izquierda en sentido contrario a las manecillas del reloj y la femenina hacia la dirección opuesta, ambas a la misma velocidad. La estrella tetraédrica se debe mantener fija en tu columna vertebral sin movimiento.

La intención del pensamiento al inhalar es estabilizar la velocidad de la Mer Ka Ba.

Ordena mentalmente: "Mer Ka Ba velocidad pareja".

16ª. respiración:

En esta respiración te encuentras en la Cuarta Dimensión.

Exhala con presión por la boca.

Di mentalmente: "Mer Ka Ba 34:21".

Inhala contando: 1, 2, 3, 4, 5, 6, 7.

Exhala con presión contando: 1, 2, 3, 4, 5, 6, 7.

La intención del pensamiento al inhalar es Mer Ka Ba 34:21 y la estrella tetraédrica masculina gira más velozmente hacia la izquierda. Un disco de luz se generará en la base de la espina y se extenderá a 17 metros aproximadamente a tu alrededor.

Ya no se aplica ningún mudra. Las manos deben de estar completamente relajadas.

17ª. respiración:

En esta respiración te encuentras en la Cuarta Dimensión.

Exhala con presión por la boca.

Di mentalmente: "Fase del Sellado del Corazón".

Inhala contando: 1, 2, 3, 4, 5, 6, 7.

Exhala con presión contando: 1, 2, 3, 4, 5, 6, 7.

La intención del pensamiento al inhalar es Fase de Sellado del Corazón.

Ya no se aplica ningún mudra. Las manos deben de estar completamente relajadas.

Visualiza un rayo de luz blanca desde tus ocho células originales que están en la base de tu espina dorsal. Visualiza cómo sube la energía hasta el centro de tu espalda, a la altura de tu corazón y, desde ahí, proyéctalo hacia delante, en la forma de un rayo láser rojo, sellando todos los campos externos.

Di mentalmente: "Fase de Sellado del Corazón".

18ª. respiración:

En esta respiración te encuentras en la Cuarta Dimensión.

Exhala con presión por la boca.

Di mentalmente: "Nueve décimas de la velocidad de la luz".

Inhala contando: 1, 2, 3, 4, 5, 6, 7.

Exhala con presión contando: 1, 2, 3, 4, 5, 6, 7.

Una vez más, repite mentalmente: "Nueve décimas de la velocidad de la luz".

El Mer Ka Ba aumenta la velocidad.

Exhala con presión por la boca.

19ª. respiración:

En esta respiración te encuentras en la Cuarta Dimensión.

Exhala con presión por la boca.

Di mentalmente: "¡Mer Ka Ba, extiéndete al Yo Superior!"

Inhala contando: 1, 2, 3, 4, 5, 6, 7.

Exhala con presión contando: 1, 2, 3, 4, 5, 6, 7.

La intención del pensamiento al inhalar es expandir el Mer Ka Ba al Yo Superior.

Una vez más repite mentalmente: "¡Mer Ka Ba, extiéndete al Yo Superior!"

20ª. respiración:

En esta respiración te encuentras en la Cuarta Dimensión.

Exhala con presión por la boca.

Di mentalmente: "¡Mer Ka Ba, extiéndete a la Red de Conciencia Crística!"

Inhala contando: 1, 2, 3, 4, 5, 6, 7.

Exhala con presión contando: 1, 2, 3, 4, 5, 6, 7.

Expande tu Mer Ka Ba a la Red de Conciencia Crística. En cada una de estas respiraciones haz una pausa entre ellas volviendo a la respiración normal y sintoniza con tu Yo Superior, la Tierra, el Cristo Cósmico y sella las energías en tu Mer Ka Ba. Comunícate con Él y pídele que sea tu Guía y Protector en el resto de la meditación. Llama a tu guía personal y pídele que te asista y te proteja durante el resto de la meditación.

21ª. respiración:

En esta respiración entrarás en la Quinta Dimensión.

Exhala con presión por la boca.

Di mentalmente: "Entro a la Quinta Dimensión de la Red de Conciencia Crística".

Inhala contando: 1, 2, 3, 4, 5, 6, 7.

Exhala con presión contando: 1, 2, 3, 4, 5, 6, 7.

Ésta es una respiración que te permitirá retener el aire por una cantidad de tiempo increíble, dado que el cuerpo absorberá mucha energía pránica. Por supuesto permítete exhalar cuando te sientas incómodo de retener la respiración.

Ya no se aplica ningún mudra. Las manos deben estar relajadas.

Repite mentalmente: "¡Entro a la Quinta Dimensión de la Red de Conciencia Crística!"

22ª. a 26ª. respiraciones:

En este momento te encontrarás en la Quinta Dimensión.

Exhala con presión por la boca.

Di mentalmente: "Mer Ka Ba, Octaedro 34:55", y toma cinco respiraciones.

Inhala contando: 1, 2, 3, 4, 5, 6, 7.

Exhala con presión contando: 1, 2, 3, 4, 5, 6, 7.

La intención del pensamiento al inhalar es: Mer Ka Ba, Octaedro 34:55.

Toma cinco respiraciones y siente cómo el campo de energía cambia de dirección.

Ya no se aplica ningún mudra. Tus manos deben estar relajadas.

Di mentalmente: "Mer Ka Ba, Octaedro 34:55".

27ª respiración:

En esta respiración te encontrarás en la Quinta Dimensión.

Exhala con presión por la boca.

Di mentalmente: "Mer Ka Ba, Dodecaedro 89:55", y toma una respiración.

Inhala contando: 1, 2, 3, 4, 5, 6, 7.

Exhala con presión contando: 1, 2, 3, 4, 5, 6, 7.

La intención del pensamiento al inhalar es: Mer Ka Ba Dodecaedro 89:55.

Repite mentalmente: "Mer Ka Ba, Dodecaedro 89:55".

28ª respiración:

Exhala con presión por la boca.

Di mentalmente: "Fase de Sellar", y toma una respiración.

Inhala contando: 1, 2, 3, 4, 5, 6, 7.

Exhala con presión contando: 1, 2, 3, 4, 5, 6, 7.

La intención del pensamiento al inhalar es: Fase de Sellar.

Visualiza un rayo de luz blanca que nace desde tus ocho células originales que están en la base de tu espina dorsal, sube la energía al centro de tu espalda, a la altura de tu corazón, y proyéctalo a través de él, un rayo láser rojo sellando todos los campos externos.

Di mentalmente: "Fase de Sellar".

29ª respiración:

En esta respiración te encontrarás en la Quinta Dimensión.

Exhala con presión por la boca y toma una respiración.

Inhala contando: 1, 2, 3, 4, 5, 6, 7.

Exhala con presión contando: 1, 2, 3, 4, 5, 6, 7.

Visualiza tres cubos que avanzan hacia ti y, mientras los visualizas, repite mentalmente AUM tres veces.

Uno de los cubos avanza hacia ti girando hacia delante, trayendo su cara inferior hacia arriba en un movimiento vertical, hasta superponerse con tu cuerpo. Repite mentalmente ¡AUM!

Visualiza un segundo cubo avanzando hacia ti girando de derecha a izquierda, describiendo un gran círculo imaginario. Toma como referencia que, si estuvieras parado con los brazos extendidos en cruz, se desplazaría de tu mano derecha a tu cabeza, de tu cabeza a tu mano izquierda, de tu mano izquierda a tus pies, hasta que se superponga sobre el anterior. Repite mentalmente ¡AUM!

Visualiza un tercer cubo avanzando hacia ti, girando de derecha a izquierda, pero esta vez lateralmente, describiendo un gran círculo imaginario que iría del frente de tu cuerpo, hacia la izquierda, de allí a tu espalda, siguiendo hacia tu costado derecho y nuevamente al frente, superponiéndose sobre los dos anteriores. Los tres cubos ocupan el mismo espacio. Repite mentalmente ¡AUM!

Visualízate a ti mismo dentro de los cubos y siente un campo de energía esférico. Al juntarse los tres cubos, forman una esfera: la esfera holográfica de la Flor de la Vida.

30ª respiración:

En esta respiración te encuentras en la Quinta Dimensión.

Exhala con presión por la boca.

Di mentalmente: “Fase de Sellar”, y toma una respiración.

Inhala contando: 1, 2, 3, 4, 5, 6, 7.

Exhala con presión contando: 1, 2, 3, 4, 5, 6, 7.

La intención del pensamiento al inhalar es Fase de Sellar con luz blanca en todas direcciones. Visualiza rayos de luz blanco-plateada que salen de tus manos, de tus pies, de tu cabeza, de adelante y de atrás desde tu corazón, y eso sellará a los tres cubos. A partir de este momento te encuentras vibrando en la Quinta Dimensión.

Creaste tu nuevo Cuerpo de Luz. Estás dentro de la esfera holográfica de la Flor de la Vida.

Si la expandes, se acelerará y podrá expandirse y contraerse con tu voluntad. Si la expandes te proyectará a donde tu pensamiento lo desee, y si la contraes, bajará la velocidad hasta detenerse.

Es conveniente que siempre te detengas en la Red Electromagnética de Conciencia Crística y siembres en ella todas las energías nuevas que acabas de recibir. Aquí sólo se puede crear divinamente. Pon la semilla de lo que deseas ver manifestado. Te encuentras con los Maestros Ascendidos, tus guías están en este lugar. Si deseas llamarlos, ellos vendrán y te asistirán. Éste es tu Gran Viaje, haz lo que tú desees hacer. En mi experiencia personal, he elegido poner aquí la visión de paz para la humanidad. Visualizo abundancia, salud, éxito y relaciones armoniosas. Visualizo cómo se eleva la Tierra, cómo se libera.

Para volver

Regresa a tu cuerpo físico. Entra por tus chakras superiores, por la parte superior de tu cráneo, y proyecta la energía al centro de la Tierra. Permanece un momento así y entona el AUM, cántalo fuerte si lo deseas, sosténlo. Ahora regresa la energía a tu cuerpo físico. Antes de abrir los ojos, desacelera tu Mer Ka Ba pensando: Velocidad Pareja. Estarás consciente de un campo de energía que te rodea.

Eventualmente verás ese campo de energía y te convertirás en esa energía, será la manifestación plena de tu Cuerpo de Luz. Si te sientes incómodo, cierra los ojos y repite los últimos pasos, desde que llevas la energía a la Tierra.

Requisito para activación: Práctica diaria.

Cuarta Parte

SINTONIZANDO CENTROS DE ENERGÍA

Chakras y musicoterapia

> La música es la matemática inconsciente en donde la mente no sabe que está calculando divinamente.
>
> LEIBNIZ

Armonizando chakras

Del sánscrito: "rueda"

Los chakras principales son siete y están ubicados a lo largo de la columna vertebral. Su función es procesar y metabolizar la energía universal. Como hemos mencionado anteriormente, Imhotep fue el primero en recopilar información sobre cómo diagnosticar y curar muchas enfermedades. El caduceo, que actualmente es el símbolo de la sociedad médica, era la vara de poder de Imhotep. Con ella medía la cantidad de energía vital que un ser humano había aprendido a procesar en su interior, y así sabía en cuál de los centros neurales o chakras estaban los desbalances celulares electromagnéticos. Curaba elevando la frecuencia vibratoria del aura o campo electromagnético personal, lo que restablecía el balance de los chakras, permitiendo que volvieran a suministrar la energía vital necesaria a los órganos afectados, la causa real de las enfermedades.

El caduceo tiene dos serpientes que se cruzan sobre los siete chakras, los centros neurales sobre la columna vertebral que captan y distribuyen la energía. Las serpientes simbolizan las dos polaridades de carga eléctrica y movimientos contrarios que dan lugar al universo dual. En su centro está una columna ondulatoria, formada por parejas de partículas de carga opuesta que se neutralizan y equilibran. Puedes observar la imagen del caduceo en la figura 11. Representan al Kundalini, la

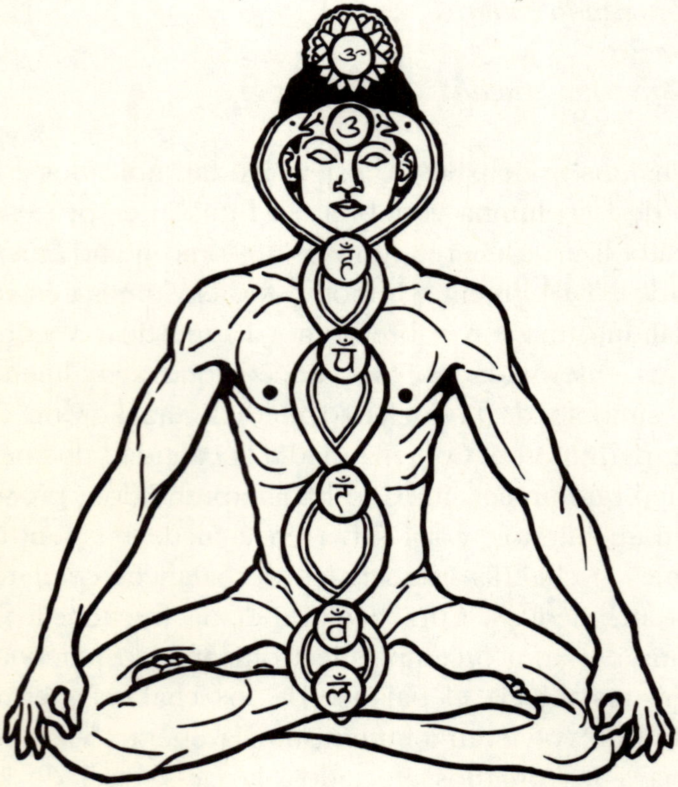

Figura 11. *Caduceo.*

fuerza vital que sube a través de la columna vertebral y que es la única manera para llegar a la iluminación. Los siete chakras básicos se distribuyen desde la parte más baja de la columna vertebral hasta la parte más alta de la cabeza.

Una de las maneras más sencillas de sintonizar los chakras es a través de la musicoterapia. La música va directo al inconsciente, hace vibrar tus células y eleva tu frecuencia. Cuando inicies tu trabajo práctico, concéntrate en la melodía que estás escuchando. De preferencia hazlo acostado con una luz muy tenue, permitiendo que la resonancia impregne tu ser.

Material:

Las cuatro estaciones de Antonio Vivaldi.

El Mesías de Haendel.

Las nueve sinfonías de Beethoven (si tu presupuesto sólo te permite comprar de una en una, deja que tu propia guía te diga por cuál empezar. La que te indique tu intuición).

Fresh Aire 7 de Manheim Steam Roller.

Las siete olas de Suzanne Cianni.

1. *MÛLÂDHÂRA Chakra*

Posición: Base de la columna vertebral.

Color: Rojo.

Elemento: Tierra.

Número: 1.

Sentido: Tacto.

Órganos físicos asociados: Glándulas suprarrenales, columna vertebral, riñones, vejiga y parte final del intestino.

Nota musical: Do.

Mantra: Lam.

Este chakra simboliza la conexión a la Tierra, al derecho de estar aquí; está relacionado con los instintos, la supervivencia, las ganas de vivir y los deseos carnales.

Trabajo práctico: Track # 6 *Fresh Aire* 7 de Mannheim Steam Roller.

La primera sinfonía de Beethoven, música de tambores.

2. *SVÂDISHTÂNA Chakra*

Posición: Vértebras sacras.

Color: Naranja.

Elemento: Agua.

Número: 2.

Sentido: Gusto.

Órganos físicos asociados: Gónadas, vesícula, bazo, uretra, riñones, sistema reproductivo.

Nota musical: Re.

Mantra: Vam.

Este chakra trata de todos los asuntos concernientes al balance de las emociones. Aplica al principio de polaridad y ritmo; el dar y recibir. Está ligado a la habilidad sociable y el manejo de asuntos de intimidad. Simboliza también el derecho a sentir, a crear, a dar y recibir placer. Es el hogar del deseo y donde residen tus juicios y tus críticas acerca de ti. Está conectado a nuestras habilidades sensoriales y extrasensoriales.

Trabajo práctico: Track # 7 de *Fresh Aire* 7 de Mannheim Steam Roller.

Cualquier track del *Las siete olas* de Suzanne Cianni.

3. MANIPÛRA Chakra

Posición: Plexoclíaco-cúpula del diafragma.

Color: Amarillo.

Elemento: Fuego.

Número: 3.

Sentido: Vista.

Órganos físicos asociados: Sistema digestivo, hígado, páncreas, vesícula biliar, estómago, bazo, intestinos y todos los músculos. Está relacionado con la digestión y asimilación tanto de alimentos como de otros aspectos más útiles como emociones, ideas, vivencias y experiencias.

Nota musical: Mi.

Mantra: Ram.

Este chakra está relacionado con la mente racional, la voluntad, el poder y la autocuración. Permite liberarse del dolor y de las enfermedades vinculadas a la mente racional. Juega un papel muy importante en las relaciones interpersonales, ya que se relaciona más directamente con el ego.

Trabajo práctico: Track # 8 de *Fresh Aire 7* de Manheim Steam Roller.

Primavera, de las *Cuatro Estaciones* de Vivaldi.

4. *ANÂHATA Chakra*

Posición: En la región del corazón, entre los dos pezones.

Color: Verde.

Elemento: Aire.

Número: 4.

Sentido: Olfato.

Órganos asociados: Timo, corazón, bronquios, aparato respiratorio y nervio vago.

Nota musical: Fa.

Mantra: Yam.

Está relacionado con la voluntad divina; es la puerta del alma y el canal al cuerpo astral; es chakra del amor universal. Por él pasa toda la energía que le damos a los demás y sólo si está abierto podremos dar energía "curativa". Este chakra regula la calidad y las interacciones de alegría, dolor, temor e ira. Nos concede la capacidad de amar incondicionalmente y desarrolla el sentido de la armonía y la belleza. Tiene que ver con la voluntad de nuestro Yo Superior y nuestra relación del Yo con el mundo exterior.

Trabajo práctico: Track # 9 de *Fresh Aire 7* de Manheim Steam Roller.

5. VISHUDDHA – chakra

Posición: Garganta-cervical.

Color: Azul.

Elemento: Éter.

Número: 5.

Sentido: Gusto, oído y olfato.

Órganos físicos asociados: Tiroides y paratiroides, garganta, amígdalas, laringe, cuerdas vocales, esófago y bronquios.

Nota musical: Sol.

Mantra: Ham.

Es el chakra de la comunicación del sonido y la vibración. Este centro es responsable del rejuvenecimiento y la longevidad; el yogui que lo domine alcanza la inmortalidad, pues a partir de ese momento vive fuera del tiempo. Con este chakra abierto comprendemos cuáles son nuestros anhelos materiales y espirituales, y que somos responsables directos de cuanto recibimos y asimilamos; por lo tanto, es sinónimo de integridad. El "Yo Soy" emerge y puede actuar en cualquier situación.

Trabajo práctico: Track # 10 *Fresh Aire* 7 de Mannheim Steam Roller.

6. AJNÂ – Chakra

El tercer ojo

Posición: En la frente, entre las cejas y la nuca.

Color: Añil, violeta.

Elemento: Luz.

Número: 6.

Sentido: Vista.

Órganos físicos que rige: Glándulas hipófisis, pituitaria y pineal, parte inferior del cerebro, ojo izquierdo, orejas y nariz.

Nota musical: La.

Mantra: Om.

Su despertar otorga la evolución cósmica y el dominio del espíritu sobre la materia. Nos permite entrar en el mundo de lo no material, de lo aparentemente invisible para dotarnos de conocimiento, una conciencia profunda de lo que nos rodea. También está asociado a la asimilación de conceptos intelectuales y la facultad de ponerlos en práctica.

Trabajo práctico: Track #11 *Fresh Aire* 7 de Mannheim Steam Roller.

7. SAHASRÂRA – Chakra

El portal a la realidad cósmica

Posición: En la parte más alta de la cabeza, donde está la fontanela.

Color: Blanco y oro.

Elemento: Pensamiento.

Número: 7.

Sentido: Todos los sentidos.

Órganos físicos asociados: Glándulas epífisis, pituitaria y pineal, parte superior del cerebro y ojo derecho.

Nota musical: Si.

Mantra: IAM.

Es el chakra que nos relaciona con nuestra parte más espiritual, con nuestro verdadero ser y con la realidad cósmica. Llegar a la apertura y a la plena conciencia de este chakra conduce a la perfección del ser. El séptimo chakra es la luz del conocimiento y conciencia; es la visión global del universo y amor y compasión infinitos.

Trabajo práctico: Track # 12 *Fresh Aire* 7 de Mannheim Steam Roller.

Quinta Parte

UNA LLAVE A LA MAESTRÍA

El arte de la numerología

Ritmo, resonancia y ciencia matemática

La numerología es la ciencia que ayuda a entender la energía acumulada de vidas pasadas, un método para conocerte mejor, encontrar alguien afín a ti, descubrir tus talentos, tu misión que quizá aún no has descubierto…

¡Sí!

Existe una manera totalmente científica para conocer todo esto; como está expuesto en *Creando el Cielo en la Tierra*, "el universo es un patrón geométrico sagrado basado en números; cada número tiene una resonancia y emite una vibración que dictamina una misión. Cada número tiene su propia vida y éstos tienen influencia directa en la tuya. Materia y energía pueden ser convertidas en números que poseen significados cualitativos. El movimiento del Sol y los planetas, la danza de las esferas, todo obedece a patrones geométricos creados en números, los cuales determinan la música, la arquitectura y el movimiento de los astros".[1]

Pitágoras, quien recibió educación de diversas Escuelas de Secretos, como la egipcia y hebrea, enseña

[1] Andrea Weitzner, *Creando el Cielo en la Tierra*, Pax, Me México.

que el universo es un todo armonioso, que los números son la ley del universo y la unidad es la ley de Dios.

Pitágoras se interesó tanto por la ciencia como por el destino del alma. La espiritualidad y la ciencia no eran para él dos compartimentos separados sin contacto, sino más bien constituían dos factores indisociables de un único estilo de vida. Creía en el renacimiento del alma, la parte más sutil del ser, la cual se purifica a través de un proceso de encarnaciones sucesivas. Estudió la relación entre los planetas y su vibración numérica y descubrió que las palabras tienen un sonido que vibra en consonancia con la frecuencia de los números como una faceta más de la armonía del universo.

Nada, absolutamente nada acerca de ti es casualidad. Como he explicado a detalle en *Creando el Cielo en la Tierra*, el día, mes y año en que llegaste al mundo es tu Número de Lección de Vida; es el número que, si no cumples y vives acorde con su resonancia, no alcanzarás la felicidad en la Tierra. Este número es intocable, ya que puedes cambiar la resonancia emitida a través de tu nombre, pero no puedes cambiar el día en que llegaste al mundo. También tienes el Número del Alma, el cual proviene de la energía oculta emitida de las vocales que componen tu nombre. Tienes también el Número de Personalidad, que es la energía que emites al exterior mediante tus consonantes y, finalmente, está el Número de Destino, que es la suma de las vocales y las consonantes que componen tu nombre.

La personalidad de cada uno…

El 0

La placenta que todo lo contiene; la esfera sagrada que da vida a todos los otros números. Según los mayas, el número de Dios, el punto de partida de toda la creación. El único número sin polaridad, el cero es la vibración de la neutralidad.

El número 1

Único. Nació primero y sabe abrirse el camino. El principio, la esencia de todas las cosas. A partir de éste surgen todos los otros. Posee liderazgo, es luchador y disfruta de su individualidad. Carismático que a su vez añora también su soledad. Tiene talento creativo. Vanguardista y con poder de autoridad, detesta recibir órdenes de los demás; el uno prefiere mandar, trabaja bien en soledad y frecuentemente se pone metas difíciles. Aunque sumamente crítico consigo mismo, el uno tiene dificultad en aceptar la crítica de los demás y puede molestarse ante el más mínimo comentario fuera de lugar.

Grandes líderes tienen acentuada la influencia de este número; son personas con gran confianza en sí mismas y entrega y convicción total en lo que hacen, con poder de influencia sobre los demás.

Características positivas: Liderazgo, confianza en sí mismo, coraje, perseverancia, fuerza de voluntad y firme decisión.

Características negativas: Individualismo, egoísmo, intolerancia y orgullo.

El número 2

El pacificador. Simboliza pareja, dualidad. El dos, el gran diplomático que busca cómo trabajar con los demás. Representa el intelecto, la percepción del tiempo y el espacio. Busca la justicia y resolverlo todo con armonía; posee gran capacidad para entender a los demás. Sin embargo, el dos tiende a ser dependiente; busca constantemente la compañía de la gente. El dos teme a lo desconocido; prefiere seguir viejos caminos y a menudo es tímido e inseguro. Bajo la vibración de este número, donde el conflicto es evitado, es fácil tornarse pasivo.

Características positivas: Conciliador, pacifista, comprensión, justicia y armonía.

Características negativas: Inseguridad, timidez, pereza, desidia y resentimiento.

El número 3

El número de la trinidad, uniendo lados opuestos y encontrando el equilibrio entre las fuerzas para entender la verdad. Vibra en la ligereza y la alegría por naturaleza. El tres está cargado de jovialidad. No hay conflicto y encuentra con facilidad el balance y descubre el lado positivo de cualquier adversidad. Goza de la compañía de la gente y suele tener una activa vida social. Extrovertido y comunicador, es el alma de las fiestas que le teme a la soledad.

Características positivas: Facilidad de comunicación, sociable, extrovertido, optimismo, diplomacia y flexibilidad.

Características negativas: Extravagancia, falta de sentido práctico, cinismo, falta de objetividad y ostentación.

El número 4

Perfeccionista y meticuloso, simétrico y con ojo estético, el número cuatro es el que detecta el más mínimo desatino. Está al pendiente de todo y de todos; organiza con cautela y determinación y está al pendiente de la más mínima falla o error. Prácticos y disciplinados, los que tienen la influencia de este número son especialistas de la planeación, el orden y el control; es el número que dictamina perfección. Las personas con el cuatro acentuado suelen ser ordenadas y la impuntualidad es considerada un pecado.

Características positivas: Precisión, eficacia, organización, pies bien plantados en la tierra y espíritu práctico.

Características negativas: Rígidos, inflexibles, críticos y obsesionados por el trabajo.

El número 5

No puede haber nada más opuesto al cuatro que el cinco, que detesta la rutina, lo predecible. El cinco ama la diversidad, la aventura y la adrenalina; es el número de la audacia y diversos talentos: gimnastas, paracaidistas, verdaderos aficionados al riesgo. Aventurero, poco ortodoxo, original, multitalentoso y amante de la libertad, al cinco le cuesta comprometerse con una sola persona o actividad. Adora viajar y debido a que tiene una pasión por vivir en la aventura y la constante novedad, el cinco se aburre con facilidad y suele actuar sin pensar.

Características positivas: Carisma, sensualidad, apasionados de la libertad, vanguardistas, buena memoria, magnetismo, independencia, gran sensibilidad y capacidad de aprendizaje.

Características negativas: Impaciencia, impulsividad, inestabilidad, renuencia al compromiso y sarcasmo.

El número 6

El número para el cual la lealtad y el honor lo son todo. Buen amante del hogar, la paz y la estabilidad. Goza de actuar con rectitud, honor e integridad. La justicia es el lema del número seis; detesta la mentira, que es especialista en descubrir. El buen compañerismo es característico de esta resonancia. Buscan la belleza, lo cual los vuelve propicios de caer en la vanidad. Las personas con este número en su personalidad buscan la estética con todo su afán. Ir de compras con ellos llega a ser una frustrada experiencia, pues tardan horas en decidir qué comprar.

Características positivas: Armonía, belleza, espíritu de colaboración, afectividad, verdad e intuición.

Características negativas: Celos, distanciamiento de la realidad, venganza e indecisión.

El número 7

Confiable, guardador de secretos y amante de las causas humanitarias, el siete es buen solitario por naturaleza. Soñador, sabio y con una gran capacidad de reflexión, el siete prefiere trabajar en soledad Constantemente ocupadas en lograr algo, las personas con influencia de este número literalmente viven en su mundo; poseen gran capacidad de análisis e introspección. Virtudes como la compasión y el perdón son características típicas de la resonancia numérica del siete.

Características positivas: Sabiduría, fe, confianza, honestidad, intuición y disciplina.

Características negativas: Soledad, intolerante a las críticas e individualista.

El número 8

Organizado, analítico, perseverante y batallador, el ocho posee la fuerza vertical del símbolo del infinito. Emprendedor, ambicioso y con un agudo tino comercial que le abre paso en el mundo profesional y material. El ocho disfruta de ponerse metas ambiciosas, pero, como lo infinito de su naturaleza, es fácil que se vuelva presa del mundo material.

Características positivas: Perseverancia, bueno para los negocios, persistencia, ambición, eficiencia, autoridad, ética y justicia.

Características negativas: No soportan el fracaso, venganza, intolerancia, materialismo, crueldad y avaricia.

El número 9

El gran poseedor de sabiduría y compasión; el último de los números que acumula la experiencia de todos los demás. Nuevas ideas siempre están bajo la resonancia del nueve; ideas de altruismo, del bien por los demás. Motivado por el bien común, el nueve encuentra la felicidad en hacer felices a los demás. Conoce la nobleza del vivir. Su motivación es el éxito de sus buenos actos; es el número de la aceptación, pues todo lo hace por amor y, al igual que el siete, siempre encuentra el perdón.

Características positivas: Amor por el prójimo, compasión, sabiduría, espiritualidad, creatividad, desprendimiento de lo material, altruismo y generosidad.

Características negativas: Falta de espíritu práctico, falta de objetivos claros y demasiada atención en los demás olvidándose de su hogar.

Números maestros

Son aquellos números en que se repite un mismo dígito (11, 22, 33). Las personas nacidas bajo estos números poseen el poder de la creación, liderazgo e inspiración. Mucho se les ha atribuido a estos tres maestros espirituales, cuya misión e ideales son elevados a dos dígitos. Son números que implican gran responsabilidad por el prójimo, números asignados a aquellos con una misión espiritual a través de hacer el bien a los demás. Con gran fuerza y vitalidad, las personas bajo la resonancia maestra tienen la misión de venir a despertar a los demás.

Si una persona ha nacido con un número maestro pero no puede vibrar a esa altura, bajará su nivel vibratorio a un solo dígito: el 11 se convierte en 2, el 22 en 4 y el 33 en 6.

El 11

Lleno de carisma, inspiración y convicción, es el número humanitario de corazón que sólo es movido por la visión de paz y amor. A través de la buena voluntad, busca cambiar al mundo y mejorar. Es movido por el bien del prójimo y de la humanidad. Paciente y batallador, actúa con firme convicción. El gran maestro 11 es doblemente único e innovador, el que no sólo se abre camino, sino sabe aventarse al vacío. Al frente de grandes desafíos, el 11 deja huella como un gran reformador. Idealista utópico y emprendedor, sueña con un mundo sin miseria, tristeza o dolor. Su visión de cómo deben funcionar las cosas en su mundo de perfección lo llevan en ocasiones a la desolación.

Si existe alguien nacido con este número que no pueda ser capaz de vivir a sus altas expectativas, vivirá entonces como el dos, la suma lateral reducida a un dígito.

Características positivas: Espiritualidad, sensibilidad artística, idealismo, fraternidad, carisma y poder de influencia sobre los demás.

Características negativas: Exigencia, impaciencia, no vive con los pies en la tierra, no acepta crítica, egocentrismo y perfeccionismo.

El 22

El maestro espiritual que actúa con practicidad en el mundo terrenal transformando a su paso a los demás. Entregado a la colectividad, el 22 es el gran emperador que lleva a cabo grandes proyectos de naturaleza social. Al igual que el dos, siempre trabaja con alguien más. Maestro de la diplomacia y la colaboración. El bien colectivo es su mayor motivación. Con la misma fuerza que el 11 innovador, el 22 aterriza más fácilmente su don creador. Paciente y perseverante, el 22 vive una vida emocionante, llena de riesgos. Es un número con gran carga. Si existe alguien nacido con este número que no pueda ser capaz de vivir a sus altas expectativas, vivirá entonces como el cuatro, la suma lateral reducida a un dígito.

Características positivas: Equilibrio, sentido práctico y habilidad de aterrizar la espiritualidad en el mundo material.

Características negativas: Abuso de poder, manipulación y delirio de grandeza.

El 33

El altruismo llevado a su punto último, la renuncia total a la tentación terrenal. Vive más allá de la limitación o beneficio material. Es un número de vibración tal que sólo personajes como una Teresa de Calcuta pueden mantener. La persona con este número, de no contar con la conciencia evolutiva para manejarlo, vivirá bajo la frecuencia del seis.

Características positivas: Filantropía, espiritualidad y desprendimiento de lo material.

Características negativas: Perversidad, confusión y egocentrismo.

El poder de tu nombre

Tu nombre tiene una resonancia numérica que define tu vibración, tu personalidad; encierra tu identidad, la cual es todo menos casualidad. Las cualidades y características que encierran nuestra personalidad están en las letras que tienen un valor numérico. El nombre es la representación energética de nuestro potencial.

1. Para convertir tu nombre en valor numérico, utiliza la siguiente tabla:

1	*2*	*3*	*4*	*5*	*6*	*7*	*8*	*9*
A	B	C	D	E	F	G	H	I
J	K	L	M	N-Ñ	O	P	Q	R
S	T	U	V	W	X	Y	Z	

Escribe tu nombre completo (tal y como aparece en tu acta de nacimiento) en un cuadro con tres líneas y sigue este ejemplo como guía:

1 1 3 5 9 6 1 1	Número de Alma = **27** cuya suma resulta en 2 + 7 = 9
B A R A C K H U S S E I N O B A M A	
2 9 3 2 8 1 1 5 2 4	Número de Personalidad = **37** cuya suma resulta en 3 + 7 → = 10 → **1**

Número de Destino = **64** cuya suma resulta en 6 + 4 = 10 → **1**

2. Suma los números correspondientes a las vocales que, sumadas lateralmente a un solo dígito (excepto los números maestros 11, 22, 33), representan el Número del Alma. En el caso de Obama, sería: 27, o sea, 9.

3. Ahora, haz lo mismo con las consonantes hasta reducir la suma a un solo dígito (a excepción de los números maestros), lo que resulta en el Número de Personalidad. Siguiendo el ejemplo, sería 37, es decir, 10, o sea 1.

4. Por último, suma las dos cifras, la proveniente del Número de Alma y la del Número de Personalidad, la que resulta en el Número de Destino. Usando el ejemplo de Obama, sería 27 + 37 = 64 → 6 + 4 = 10 → 1 + 0 = 1

La energía que emite tu nombre no es simple coincidencia o casualidad. Analicemos el caso del presidente Obama: Él tiene como Número del Alma (es decir, la suma de vocales) el número 9: altruista, humanitario y bondadoso. Como Número de Personalidad (o sea, la suma de consonantes), tiene el número 1. Esto significa que Obama es movido por el amor incondicional y el bien común; el amor es la fuerza que mueve el motor y esta fuerza lo convierte en un líder vanguardista que sabe abrirse paso. En otras palabras, es un altruista con cara de líder. Su Número de Destino es también 1, lo cual también otorga poder a su personalidad. De igual forma, como su nombre revela, es un hombre humanitario que se presenta como un gran líder. Su número de Lección de Vida, que se obtiene de su fecha de nacimiento —es decir, 4 de agosto de 1961—, resulta en 29, o sea 11. Este número representa al visionario utópico y reformador. ¿Comprendes ahora la precisión de los números?

El Número del Alma

La resonancia energética emitida de las vocales

Tu nombre está compuesto de vocales y consonantes; la energía emitida en las vocales revela las vivencias pasadas y las herramientas que has desarrollado. Es la energía oculta del nombre, la resonancia interna contenida en tu personalidad inconsciente, la cual te dota de poder para encarar las pruebas que te han sido asignadas en esta vida.

Si tienes el 1 como Número de Alma…

A través de vidas pasadas, desarrollaste el vanguardismo y liderazgo; aprendiste a destacar en diferentes ámbitos, particularmente en la cultura y los negocios. Debido a que aprendiste a abrirte camino solo, tienes dificultad en aceptar la crítica de los demás. Gozas de autoridad, determinación y fuerza de voluntad y sabes ver oportunidades que otros dejan pasar. Tu experiencia acumulada te ayuda a tener gran iniciativa y poder de influencia sobre los demás. Tu lección en esta vida es usar tu carisma para un bien espiritual.

Si tienes el 2 como Número de Alma...

Vida tras vida aprendiste a solucionar problemas y buscar la paz; tienes vasta experiencia acumulada en la diplomacia y en hacer reinar la armonía en tus relaciones personales, pero particularmente en el hogar; tu alma tiene gran capacidad de análisis que te permite poner cada cosa en su lugar y ayudar a solucionar conflictos en la vida de los demás. Vida tras vida acumulaste gentileza y docilidad; tu gran potencial está en tu compañerismo. Tu lección en esta vida es trascender la inseguridad y dependencia en los demás.

Si tienes el 3 como Número de Alma...

En tus vidas pasadas aprendiste a ver el lado bueno a toda adversidad; tu alma está cargada de jovialidad que siempre pone una sonrisa en la cara de los demás. Tu lema es ser feliz y ayudar a otros a encontrar la felicidad. Gozas de gran capacidad de comunicación y una alta creatividad que no debes desperdiciar. Tu karma y tu lección es aprender a no dejarte llevar por la superficialidad y no utilizar tu capacidad de comunicar para malinterpretar o manipular lo que dicen los demás. Tu optimismo natural hace que veas asuntos pesados con cierta distancia y frivolidad, lo cual tiene una gran ventaja pero también puede ponerte en aprietos de no darle a cada asunto la importancia adecuada.

Si tienes el 4 como Número de Alma...

Mediante varias vidas has aprendido a tener un espíritu práctico y a encontrar orgullo en una labor bien hecha. Eres dedicado y tenaz, aunque en ocasiones tiendes a criticar a los demás. La eficacia y puntualidad son tus armas para desarrollar tu potencial. Adoras tener una rutina que seguir y difícilmente tomas riesgos. Tu lección en esta vida es salirte de una rígida estructura, aprender a dejar tu miedo atrás, a ser aventurero y audaz, sin que por ello pierdas tu camino original.

Si tienes el 5 como Número de Alma...

El amor por la libertad es lo que has aprendido de varias vidas atrás. Odias la rutina y vives en la constante novedad. No soportas que te digan cómo tienes que actuar. Tienes dificultad en relacionarte con la gente convencional y, si pudieras, vivirías viajando de ciudad en ciudad. Tienes tantos talentos como intereses diversos. Tu insaciable curiosidad hace sentir incómodos a los demás. Tu lección en esta vida es no sucumbir a la tentación de los placeres o, incluso, los vicios.

Si tienes el 6 como Número de Alma...

En vidas atrás has aprendido el profundo sentido de responsabilidad. La lealtad es tu modo de vivir, la rectitud tu manera de actuar. Te encanta buscar tu bienestar y la paz para ti y los demás. Tu aguda sensibilidad hace que los otros confíen en ti con facilidad. Disfrutas de la cooperación social y a menudo tienes dificultad para trabajar en soledad. Tu lección en esta vida es saber cómo distanciarte de los demás sin que esto perjudique tu estabilidad.

Si tienes el 7 como Número de Alma…

La sabiduría es el don natural que llevas vidas desarrollando. Disfrutas de analizar cada situación con profundidad y no te gusta la superficialidad. Tienes una intensa búsqueda espiritual que, en ocasiones, te lleva a aislarte de los demás. El sentido de la justicia es lo que te mueve a actuar y difícilmente perdonas la deshonestidad. Tu lección en esta vida es no dejarte llevar por la nostalgia y la melancolía.

Si tienes el 8 como Número de Alma…

La inteligencia y la disciplina son los dones adquiridos; de tus vidas pasadas. Terminas lo que inicias y no permites dejar cosas atrasadas. Posees gran vitalidad y energía para ir en búsqueda de logros, sobre todo de tipo material. Tienes una habilidad natural para las tareas de índole comercial y te gusta adquirir posesiones en el ámbito material. Tu karma es dejar de buscar lo material sin sentir que pierdes algo en realidad.

Si tienes el 9 como Número de Alma...

El sentido del altruismo, generosidad y amor por los demás son tus legados adquiridos vidas atrás. Estás siempre al pendiente de los demás, poniendo tus propias necesidades con frecuencia en segundo lugar. Te mueve el trabajo caritativo por y con la comunidad y difícilmente te involucras en actividades de tipo comercial. Tu gran amor por la humanidad hace que te respeten los demás. La fidelidad y la entrega son tu sentido de responsabilidad. Tu lección en esta vida es controlar tu lado emocional.

Si tienes el 11 como Número de Alma...

La sabiduría y la compasión son tus dones adquiridos, has sido dotado de agallas para enfrentar grandes desafíos. Tienes coraje y garra para enfrentar la adversidad, pero te cuesta trabajo mantener los pies en la tierra debido a tu firme visión de un mundo ideal. Tienes una gran misión espiritual y estás en la Tierra para despertar conciencia en los demás. Eres el consejero nato al que las personas recurren de inmediato. Tu misión en esta vida es conciliar lo espiritual en el mundo material.

Si tienes el 22 como Número de Alma...

Mediante vidas y vidas de aprendizaje acumulado, tienes el don maestro del visionario aterrizado. Te gusta emprender y construir, eres un gran ejemplo a seguir. Gozas de una inteligencia privilegiada, que en ocasiones es envidiada. Debes aprender a comprender que los demás no tienen tu agudeza para pensar y encontrar paz en la comprensión de que cada persona está justo en el lugar en el que debe estar, sin que tú los empujes a destacar.

Si tienes el 33 como Número de Alma...

Por medio de la sabiduría que tus vidas pasadas te han dado, ahora eres tú el que cuenta con el camino iluminado. Tienes capacidad de crear organizaciones para el bien humanitario y posees una espiritualidad que pocos tienen. Con frecuencia estás en soledad. Tu lección es aprender que todo lo que sucede tiene su razón de ser y que está bien abrirte a merecer.

Número de Personalidad

La resonancia energética emitida de las consonantes

¿Cómo me perciben los demás? ¿Qué es lo que mi nombre consonante dice de mí? ¿Por qué esa percepción es herramienta clave para desempeñar mi misión?

Tu nombre consonante es la energía que proyectas hacia el exterior, es la vibración con la cual eres percibido y que te ayuda a desempeñar tu misión. Es energía de tu Yo Consciente, tu Yo Racional, que da el carácter y la personalidad. Las consonantes están asociadas a la imagen porque contienen la energía no oculta de tu manifestación terrenal.

Si tienes el 1 como Número de Personalidad...

Transmites liderazgo y originalidad, además de que posees una gran capacidad para enfrentar riesgos y adversidad, por lo que serás llamado a proyectos que requieran de esta cualidad. Los demás ven en ti la capacidad de enfrentar grandes crisis con tranquilidad y con la comprensión para solucionar cualquier situación. Utiliza la energía de tu consonancia para ayudar. Tu karma es aprender la paciencia y tolerancia hacia los demás.

Si tienes el 2 como Número de Personalidad...

Te proyectas como una persona serena, equilibrada y con espíritu práctico para colaborar. Tienes el don en tu nombre para mediar y conciliar y te sientes mejor trabajando detrás del telón. Eres percibido como alguien que otorga demasiada importancia a la opinión de los demás. Disfrutas de no ser el centro de atención y sobresales por tu discreción. Tu karma es trascender la dependencia en los demás y sentirte seguro de tu personalidad.

Si tienes el 3 como Número de Personalidad…

Transmites energía y jovialidad, ligereza y ecuanimidad. Tu don es la comunicación, ya que mueves a la gente siempre y cuando hables con convicción. La gente te percibe como alguien que tiene influencia sobre los demás. Serás llamado a causas que requieran de tu voz y sólo serás movido si lo haces de corazón. Serás buscado por tu compañía gregaria y humorística; tienes la habilidad de poner una sonrisa en la gente, en particular en quienes están en aprietos. Tu karma y lección es aprender la virtud de la discreción.

Si tienes el 4 como Número de Personalidad…

Te proyectas como alguien sólido y de gran espíritu práctico; das la imagen de alguien con los pies siempre puestos en la Tierra. Transmites confiabilidad y estabilidad, por lo que serás llamado a proyectos para aplicar tu practicidad. Tu resonancia consonante transmite equilibrio y capacidad para ordenar y expone una personalidad que tiende a criticar. Tu karma y lección es trascender el rigor, suavizar y flexibilizar tus juicios.

Si tienes el 5 como Número de Personalidad…

Tu valor consonante transmite cambio y novedad. Los demás te perciben como aventurero audaz con la habilidad de no engancharse a nada ni a nadie con facilidad. Te proyectas como alguien que ama la libertad, que le encanta viajar. Te interesas en múltiples actividades y *hobbies*, y serás llamado a causas o proyectos de cambio y de ruptura de rígidas estructuras. Tu lección es aterrizar tu personalidad y trascender la adicción a la novedad. Tu carisma y sensualidad puede poner en riesgo toda relación personal que quieras consolidar.

Si tienes el 6 como Número de Personalidad…

Te proyectas como alguien leal, honesto y confiable. Tu número consonante ama la pureza y proyecta una energía que busca rodearse de belleza. Serás llamado a causas de ayuda a las artes o de apoyo familiar. Es un número que goza de la compañía de los demás y vibras en la docilidad. Tu lección es trabajar tu tolerancia y perdonar las impurezas en los demás, que eres especialista en detectar.

Si tienes el 7 como Número de Personalidad…

Transmites sabiduría, conocimiento y educación. Los demás te perciben como un gran trabajador que le gusta la gente, pero que ama también su soledad. Tu nombre proyecta una personalidad analítica e intelectual con una marcada capacidad de analizar, pero que se inclina también por temas y causas de naturaleza intuitiva y espiritual. Eres buen consejero y proteges la confidencialidad. Tu lección es encontrar más vida en el ámbito físico y salirte de tu mente intelectual.

Si tienes el 8 como Número de Personalidad...

Te proyectas como alguien emprendedor y de gran ambición. La gente te percibe como inteligente para negocios y adquisiciones materiales. Irradias gran energía y vitalidad; das la impresión de ser exitoso en tus labores. Eres visto como buen colaborador, quien mantiene la calma en situaciones emergentes. Tu lección es trascender tu ego materialista y encontrar satisfacción de naturaleza espiritual.

Si tienes el 9 como Número de Personalidad...

Transmites compasión, sinceridad y bondad. Posees gran amor por los demás. Te sentirás llamado por causas y proyectos altruistas. Te proyectas como amante de la paz y la estabilidad. Completas las labores que empiezas y despiertas admiración en los demás por tu habilidad de poner a un lado la ganancia personal en búsqueda del bien de la humanidad. Ayudas a encontrar el perdón, por lo que te sentirás llamado por profesiones que requieran de verdadera vocación. Tu lección es trascender la desidia y búsqueda de evasión ante situaciones que te causan dolor.

Si tienes el 11 como Número de Personalidad...

Proyectas liderazgo nato y comandas atención. Tienes un número maestro cargado de poderes extrasensoriales e intuición. Tienes el don de la transformación y buscas mejorar el mundo con tu mensaje de amor. Serás llamado por causas que requieran de tu carácter de reformador social. La gente se siente estimulada cuando te escucha hablar; tienes gran poder de influencia sobre los demás. Tus dones maestros sólo los podrás enseñar si actúas con humildad. Tu lección será educar a tu intelecto para que acepte aquello que la mente lineal no puede captar y aceptar, que tus dones psíquicos son sólo para el uso espiritual y entender que tienes que confiar en tu poder extrasensorial.

Si tienes el 22 como Número de Personalidad...

Tienes la imagen de un gran maestro confiable, práctico, que aterriza conceptos complejos de índole espiritual con facilidad en el mundo material. Posees gran paciencia y perseverancia. Despiertas admiración en los demás por tu espíritu filantrópico. Serás llamado por causas que requieran de tu gran habilidad para solucionar desde ecuaciones científicas complejas hasta causas humanitarias perdidas. La gente te percibe como alguien confiable y aterrizado, quien goza de trabajar con los demás. Tu lección es no dejarte llevar por la fascinación que tu profesión te da al grado de ignorar a los demás.

Si tienes el 33 como Número de Personalidad...

Proyectas la maestría del amor incondicional. La gente te busca por tu entrega al prójimo y tu caridad. La gente admira tu generosidad y tu habilidad de rescatar. Serás llamado por vocaciones que te permitan poner en práctica tu bondad, desde ayudar a los animales o a todo un gran cambio social. A diferencia de tus hermanos números maestros, posees la virtud de la humildad natural. Tu lección es no olvidarte de ti mismo y de que después de todo, vives en el mundo material.

Tu Número de Destino

La energía emitida por la suma de todas tus letras

¿Cuál es mi camino? ¿Cuál es mi misión? ¿Qué herramientas tengo para desarrollar este potencial?

Tu Número de Destino revela esta información. Una cosa es segura, estás aquí en la Tierra para cumplir una misión (encerrada en tu Número de Lección de Vida, que es la suma de tu día, mes y año de nacimiento), y tu Número de Personalidad es tu herramienta fundamental para cumplir ese objetivo. Tu nombre puede ser modificado a lo largo de tu vida, ya sea por haber tomado el nombre de tu cónyuge o por no haberte gustado el inicial y haberlo cambiado. Aunque en definitiva tendrás la resonancia de tu nuevo número, éste estará permeado inevitablemente por el que te fue asignado originalmente. El nombre con el que fuiste registrado será, mientras vivas, tu número base.

Número de Destino 1
Vanguardismo y liderazgo

Eres un líder nato, quien disfrutará de estar a cargo de grandes desafíos. Eres emprendedor, con carisma y poder de comunicación. Está en tu destino ir al mando de cualquier situación. Seguramente tendrás tu propio negocio o estarás involucrado en situaciones en las que tu liderazgo sea necesario o por lo menos en situaciones que te permitan estar al mando. Pon en práctica tu capacidad de sorprender a los demás con tu capacidad para innovar, buscar realizar y aterrizar tus proyectos llenos de originalidad. Tendrás más éxito si te enfocas a profesiones políticas o cualquier cargo en que desempeñes tu habilidad como director.

Número de Destino 2
Pacifismo y diplomacia

Tienes la misión de cuidar al prójimo y asegurar que la paz reine en el hogar y en la sociedad. Tienes la capacidad de unir a los demás, juntar a las diversas partes en conflicto para ayudar a conciliar. Ejerce tu profesión en el campo de las leyes o como consejero familiar. También como educador o consejero escolar. Tu naturaleza aterrizada te hace estable y confiable. Tienes la virtud de la paciencia y de usar la palabra correcta. Por tu mismo deseo de querer agradar, debes evitar convertirte en dependiente de la opinión de los demás.

Número de Destino 3
Comunicación y cooperación

Tu camino en la vida es por la vía artística, pues posees gran imaginación y capacidad de comunicación. Tu resonancia atrae la buena vibra y tienes un don para los amigos y el amor. Tu métrica es ligera, alegre. Puedes ser un gran periodista, diseñador, fotógrafo o escritor. Disfrutas del arte de la conversación, el buen vino, la estética y la precisión. Utilizas tus dones, habilidad de encantar y alta popularidad para abrirte paso en las relaciones públicas. Construyes alianzas con facilidad y tienes el talento para unir a los demás. Cuida de no perderte en un sinfín de sueños y ambiciones; debes ser selectivo.

Número de Destino 4
Precisión y construcción

Tu resonancia numérica dictamina exactitud y eficiencia. Eres práctico, aterrizado y predomina tu razón. Tienes la habilidad de comprender complejas situaciones. Tu mente analítica te permite ordenar cosas a las que otros literalmente no les encuentran cuadratura. Tienes la capacidad de solucionar situaciones en que se requiera imparcialidad. Cuentas con la capacidad de aterrizar tus ideas en el mundo material. Procura no alejarte del plano espiritual por vivir demasiado en el plano mental.

Número de Destino 5
Audacia y versatilidad

Tu métrica dictamina aventura, cambio, viajes y un sinfín de talentos. Tu nombre implica movimiento; serás bueno para actividades físicas; tienes gracia para el baile, las artes marciales y las agallas para el paracaidismo. Tienes gran carisma para mover a los demás y convencerlos de hacer cosas que solos nunca se atreverían. Posees elocuencia, así que busca utilizar esa habilidad de mover a los demás para comunicar la fuerza que se requiere para cambiar. Debido a que eres audaz y atrevido, te gusta el riesgo y las emociones fuertes. Tu misión es aprender la templanza y no dejarte arrastrar por tu deseo de constante novedad y por los gustos de naturaleza sensual.

Número de Destino 6
Justicia y lealtad

Tu número dictamina gran capacidad para crear belleza y armonía. Te gusta actuar con sencillez y posees simpatía. Por tu habilidad natural para la verdad, serán aconsejables para ti profesiones de leyes, como consejero familiar o investigador social. Utiliza tu don para promover la estabilidad para ayudar a los demás. Eres el amigo ideal y sabes escuchar. Ten cuidado de no utilizar esto para crear una dependencia.

Número de Destino 7
Introspección y análisis

Tu resonancia numérica está marcada por la capacidad extraordinaria de análisis y resolución de complejos conceptos y situaciones. Te verás involucrado en situaciones que despierten tu curiosidad y misterio. Gozas del trabajo individual, a veces con estilo poco usual, y no te gusta que interfieran los demás. Utiliza tu capacidad de introspección para ayudarte a trascender tu razón y permitirte entrar el campo de la intuición.

Número de Destino 8
Ingenio y edificación

Tu nombre resuena en la materialización. Tienes una marcada habilidad para emprender proyectos que requieran de gran energía. Tienes un don para manifestar lo que otros pueden pensar. Tendrás gran éxito si te enfocas en carreras administrativas y empresariales. No te dejes llevar por la tentación del dinero y del bienestar material. No utilices tu talento para lucrar y concilia lo terrenal con lo espiritual.

Número de Destino 9
Compasión y cooperación

Tu resonancia es compasiva y de profunda fraternidad. Comprendes a los demás con facilidad; tienes una inquietud nata para ayudar a los demás. Encontrarás gran éxito en labores humanitarias. Inspiras confianza y credibilidad; aprovechas estas cualidades para desarrollar proyectos de concientización y cooperación.

Número de Destino 11
Idealismo e inspiración

Tu número dictamina capacidad de visión y percepción más allá de lo común. Tienes poder determinante sobre los demás. Posees el don para reformar. Eres idealista y soñador; el reto es aterrizar el plano superior en el inferior. Tu resonancia está llena de retos y pruebas, pero en la solución a estos retos encontrarás tu camino e incluso la fama. Si aprovechas tu número maestro, dejarás huella profunda en el curso de la humanidad. Tienes una resonancia doble que, si no la puedes cumplir, bajarás tu nivel de vibración a la suma de sus componente a un dígito, o sea, 2.

Número de Destino 22
Innovación y filantropía

Tu resonancia vibra en el don maestro creador. Tienes la fuerza para aterrizar grandes proyectos. Posees el don de saber trabajar con y para los demás. Es importante que dejes tu ego atrás y comprendas plenamente que sólo podrás ser el gran maestro si actúas con humildad. Aprovecha tu número maestro para dejar huella de ejemplo de amor incondicional. Tendrás gran éxito en carreras de diplomacia y desde luego humanitarias. Al igual que el 11, tienes una resonancia doble que, si no la puedes cumplir, bajará tu nivel de vibración a la suma de sus componentes a un dígito, o sea, 4.

Número de Destino 33
Justicia y perdón

Posees la resonancia para no dejarte tentar por las seducciones del mundo material. Eres un gran maestro espiritual que está en búsqueda de la igualdad, de la justicia y el amor incondicional. Posees el don de integrar a los demás y transformar la hostilidad en hermandad y cordialidad. Al igual que el 11 y 22, tienes una resonancia doble que, si no la puedes cumplir, bajarás tu nivel de vibración a la suma de sus componentes a un dígito, o sea, 6.

Cómo elegir una persona afín a mí...

Tu Número de Lección de Vida, es decir, la suma de tu día, mes y año de llegada a la Tierra, es tu número intocable asignado por tu ser superior, tu ser sagrado. Este número tiene afinidad natural con ciertos números, que poseen personas con las que te sentirás en confianza de inmediato, alguien que siente y ve el universo cómo tú lo ves.

Afinidad de números de lección de vida

La combinación natural

Cuando te juntas con tu complemento natural es experimentar el nirvana. Es estar con alguien que vibra y resuena como tú. La armonía que da estar en frecuencia natural es que, dentro de lo inestable que puede ser el viaje humano de amar, la energía no se va en discutir lo obvio, ya que la base rítmica es igual. A continuación te presento algunos ejemplos de combinaciones de números.

Combinaciones naturales

Números de Lección de Vida
1 5 7
La Tríada Mental
Donde encuentras a productores, directores; donde las nuevas ideas nunca se agotan

El uno vanguardista y carismático (que poseen personajes como Tom Cruise y Tom Hanks) se funde bien con el cinco, siempre amante de la novedad y la fiesta, y ambos se identifican con el siete solitario, inspirado por los misterios del universo. A esta tríada no le gusta trabajar acompañada, gozan mucho su individualidad, por lo que encuentran entre sí ese respeto natural a tener un amplio espacio personal.

Números de Lección de Vida
2 4 8
La Tríada Empresarial
Números orientados a los negocios, donde encontramos a personalidades como Bill Gates (4) y Donald Trump (4). Es el número que maneja aspectos terrenales y de seguridad material. Son grandes empresarios, hombres de negocios importantes. El 2 necesita ser inspirado para desarrollar su potencial. El 2 es un gran colaborador y el 4 es un gran maestro. Oprah Winfrey es un buen ejemplo.

Números de Lección de Vida
3 6 9
La Tríada de la Creatividad
Números orientados a la comunicación, las artes, la gracia, la familia y al servicio en comunidad; algunos ejemplos son Jim Carey (3) y Robin Williams (3). Al tres le encanta dar consejos, se los pidan o no. Son excelentes comunicadores y excelentes escritores. La comunicación del 3, el magnetismo del 6 y lo humanitario del 9 hacen de esta tríada una combinación armoniosa y fluida.

Afinidad de números maestros

Maestrías fundidas a través de vidas y vidas

La concordancia que se da entre aquellas personas que tienen afinidad en sus números personales se refleja tanto en la manera como se interrelacionan entre ellas como en el modo en que enfrentan el mundo y realizan sus misiones en él. Un ejemplo claro de ello es el caso del matrimonio Obama. Veamos su análisis numérico:

Michelle (Michelle LaVaughn Robinson)
Número de Lección de Vida
Fecha de nacimiento: 17 de enero de 1964
1 + 7 + 1 + 1 + 9 + 6 + 4 = 29 lo que resulta en 2 + 9 = 11
El primer Número Maestro 11, idéntico al de su esposo, Barack. ¿Coincidencias?

Nombre como aparece en su acta de nacimiento: Michelle LaVaughn Robinson

9 5 5 1 1 3 6 9 6	Número de Alma = 45 → 4 + 5 = 9
M i c h e l l e L a V a u g h n R o b i n s o n	
4 3 8 3 3 3 4 7 8 5 9 2 5 1 5	Número de Personalidad = 70 → 7 + 0 = → 7
	Número de Destino = 115 → 1 + 1 + 5 = 7

Número de Alma = 9 (idéntico a Obama)
Número de Personalidad = 7
Número de Destino = 7

El 7, apasionado por los misterios del universo y capaz de analizar complejas situaciones, es el número que rige el nombre de Michelle. El 7 también es el número de los grandes descubrimientos, lo que la hace perfecta para ser la esposa de una figura tan importante como Obama. Ambos tienen al 9 altruista como Número del Alma, lo que los hace humanitarios natos. Si Michelle tuviera en vez de 7 el 1 como Número de Personalidad y Número de Destino, sería un matrimonio semejante al de Bill y Hillary Clinton, en que los dos compiten por la misma posición de liderazgo como la figura primaria.

Ambos tienen repetido el Número de Personalidad y de Destino, Michelle en el 7 y Obama en el 1, lo que los hace ser doblemente fuertes en las características respectivas de cada uno.

Barack (Barack Hussein Obama)

Lección y camino de vida: 4 de agosto de 1961.

4 + 8 + 1 + 9 + 6+ 1 = 29 --> 2 + 9 = 11

Idéntico al de su alma gemela encarnada en la Tierra, llegando a la maestría del 11 con los mismos componentes: el 2 y el 9.

Como vimos anteriormente, tiene:

Número de Alma: 9 (idéntico al de Michelle)

Número de Personalidad: 1

Número de Destino: 1

Interrelación zodiacal

Michelle, al haber nacido en enero, el primer mes del calendario gregoriano, tiene el Sol en Capricornio, que corresponde a la casa zodiacal número 10, o sea, 1, lo cual le dota de carisma y vanguardismo zodiacal como herramienta para ser la primera dama ideal. Por su parte, Obama tiene el Sol en Leo, la quinta casa, el número 5 de la aventura y la audacia.

El Número de mi Hogar

De la misma manera en que tu nombre y fecha de nacimiento emiten la energía con la que fuiste equipado para llegar a la maestría de la vida, el número de la casa en la que vives también provee de energía específica según su resonancia a quienes habitan en ella. Si vives en un edificio, o en un complejo de edificios por ejemplo, no consideres tanto el nombre de la calle en donde está ubicado, sino el número que está en la puerta de tu apartamento. En caso de habitar en un hogar con número compuesto, es decir con número y letra, lo que tienes que hacer es convertir la letra a número.

Por ejemplo:

Si vives en el apartamento 34 C, debes sumar:

3 + 4 + 3

Lo que resulta en 10, o sea 1.

Ahora, veamos con detalle lo que significa cada número de hogar.

Si tienes Número de Hogar 1

Este número de hogar nos habla de personas independientes y suficientes. Les gusta su soledad. Disfrutan del reto, de la novedad, de ir al frente de situaciones complejas y llenas de adversidad. Por ejemplo, tu presidente de consejo de condominios seguramente es un morador de casa con número 1. Los habitantes de casa 1 son creativos, audaces y gustan de tomar riesgos. Esta energía es de autonomía y gran creatividad.

Por lo general, el interior es práctico, espacioso, todo enfocado y diseñado para el orden y la productividad. Gozan de equipo tecnológico moderno y buscan siempre tratar de simplificar tanto en sus posesiones de refinado gusto como en su estilo personal.

Si tienes Número de Hogar 2

Este número de hogar nos dice que las personas que lo habitan son seres tranquilos y colaboradores, buenos y callados vecinos que con su resonancia de hogar ayudan a mantener la paz y cordialidad. Sus habitantes saben cooperar. La resonancia de esta casa promueve las relaciones profundas, lo cual crea lazos duraderos. Seguramente los habitantes de casa 2 no se han mudado muchas veces. Su interior es de colores más de naturaleza femenina y son tranquilos, armoniosos, seguros y estabilizadores.

Si tienes Número de Hogar 3

Este número de hogar nos habla de personas con amor por el espacio social, la calidez y la fraternidad. Los habitantes de este número de hogar son alegres, joviales y les encanta la reunión. Es un hogar que favorece todo tipo de comunicación, la palabra, la unión de diversas partes que conforman un todo integrado. Suelen tener gustos eclécticos tanto en sus objetos decorativos como en sus lazos afectivos. Teniendo esta parte de la fiesta, son vecinos bien equilibrados, por lo general consejeros de la asociación de condóminos.

Si tienes Número de Hogar 4

Este número de hogar nos habla de personas precisas; valoran el orden sobre todas las cosas. Su decoración puede ser poco conservadora e introspectiva. No socializan demasiado, pero son buenos colaboradores y amantes de la estabilidad social. Todo debe tener su lugar y les cuesta adaptarse al cambio. Si un vecino es crítico y reacciona negativamente ante tu nueva planta, tu cambiante color del tapete, seguro vives frente a un cuatro.

Si tienes Número de Hogar 5

Este número de hogar nos dice que sus habitantes van y vienen con frecuencia; es un número que promueve el movimiento, los viajes. Su interior es de colores vivos y diversos, con estilos eclécticos. Los que habitan dentro de este número disfrutan enriquecerse de diversas experiencias. En su interior poseen adornos de varios sitios visitados, todos con una historia que seguramente en alguna reunión ya te habían contado. Los habitantes de este número son amantes de la fiesta, la diversidad y tienen que ser guiados para no dejarse llevar por todos los deseos terrenales.

Si tienes Número de Hogar 6

Este número de hogar nos dice que sus habitantes son amantes del respeto y la verdad, pero sobre todo, amantes de su hogar. Es un número ideal para la resonancia familiar. La decoración acorde con este número es sutil y armoniosa, con ojo para los detalles estéticos que requieran de gran delicadeza.

Si tienes Número de Hogar 7

Este número de hogar nos habla de personas intelectuales, cerebrales, que planean hasta el último detalle. Reina el orden y la exactitud. A los habitantes de este número les encanta debatir y analizar, y a menudo sus integrantes son muy respetuosos del espacio personal del otro. El morador del 7 no tiene gran apetito social; es selectivo con sus compañías y cuenta con buen acervo cultural. Probablemente vivan personas solteras, o parejas sin hijos y en algunos casos familias pequeñas, parejas con un solo hijo. Ésta es una casa que disfruta el silencio y la introspección.

Si tienes Número de Hogar 8

Este número de hogar nos dice que las personas que habitan en él son dinámicas, activas, amantes de los negocios. Es una casa cuya energía favorece los proyectos de índole comercial. En esta casa seguramente parte de la oficina está dentro del hogar.

Si tienes Número de Hogar 9

Este número de hogar nos habla de un espacio de calidad y lleno de fraternidad. Sus habitantes son considerados unos con otros; es un número que favorece la paz y el silencio interior. Es el hogar al que van todos los amigos, o amigos de los hijos en búsqueda de consejo y paz interior.

Si tienes Número de Hogar 11

Este número de hogar nos habla de un hogar carismático, vanguardista, donde se mueve la energía de grandes proyectos. Si los moradores de este número de casa no tienen alta resonancia, seguro la casa adquirirá la vibra de su suma a un solo dígito, o sea, 2.

Si tienes Número de Hogar 22

Los habitantes de este número de hogar son excelentes

colaboradores; su resonancia promueve el orden y la habilidad de trabajar con los demás. Sus integrantes gozan hacer cosas en grupo. En caso de que los habitantes de esta casa no tengan resonancia maestra, la casa bajará su vibración a un solo dígito, o sea, 4.

Si tienes Número de Hogar 33

Este número de casa nos dice que sus habitantes son grandes amantes de la paz y la cordialidad. A los moradores de este número de hogar les gusta todo lo familiar. Gozan de reuniones sociales y es aquí donde se unen los amigos en busca de consejo. En caso de que los habitantes de esta casa no tengan resonancia maestra, la casa bajará su vibración a un solo dígito, o sea, 6.

Mensaje de ángeles en los números

Los Ángeles gozan de llamar nuestra atención usando los números. Les encanta hacernos conscientes de que hay algo superior, diciéndonos: "aquí estoy".

Una cosa te puedo garantizar: los Ángeles están contigo ahora, ¡eso te lo puedo jurar! Ellos te guían a través de tus pensamientos, sentimientos, palabras y visiones. También usan señales que seguramente ves que se repiten de manera constante. Una de sus señales favoritas son las secuencias numéricas que puedes ver repetidamente en placas de autos, recibos, microondas, celulares, despertadores y demás.

Como estudiante de Numerología Sagrada Pitagórica recibí información guiada acerca de las secuencias numéricas que se me presentarían. Comenzó por revelarse continuamente el 9 en todas su formas y fue en un portal 3:33 que vi claramente a los Maestros Ascendidos. Ya no sólo veía esa y otras secuencias, sino que en ellas recibía mensajes trascendentes, mensajes claros y directos que ahora comparto contigo.

Cada número tiene una frecuencia vibracional específica relacionada con su significado. Hermes, Platón, Pitágoras y otros conocían los secretos; afirmaron que todo en el universo es matemáticamente preciso. Los Ángeles y Arcanos también afirman que el lugar de un número en cierta secuencia contiene y revela un significado especial. Por ejemplo, en secuencias de tres o más números, el dígito central es el de mayor relevancia, y es el que revela el mensaje central del código o, como se refieren ellos, "el corazón del asunto".

Los Ángeles nos recuerdan que todos somos grandes alquimistas y que todos tenemos el potencial manifestado para irradiar esa fuerza creadora con la que siempre hemos estado conectados mediante la Magia Divina. Los números señalan la importancia de ver mensajes celestiales en la tridimensionalidad para enseñarnos lecciones y darnos oportunidad de trascendernos más allá. Estas secuencias numéricas revelan una guía y un mensaje que nos dice justo lo que tenemos que saber para continuar.

¡Confía en tu guía, deja salir tu propia sabiduría!

Secuencias más comunes y sus significados

Te presento unos ejemplos de los mensajes que contienen algunos números de tres dígitos:

111 – Monitorea tus pensamientos cuidadosamente y asegúrate de pensar sólo en aquello que deseas, no lo que no deseas. Libérate de la dualidad. La tríada te recuerda que eres Uno de regreso al Todo. Dale fuerza únicamente a tu visión más alta. El 111 es como una foto de la Cuarta Dimensión, como si las fuerzas creadoras celestiales hubieran tomado una foto de ese momento, lo que contenías en tus pensamientos. Pide asistencia al Ángel de la Ilusión y la Realidad en la puerta de tu pensar (6).

123 – Simplifica tu vida. Deshazte de todo aquello material que te esté estorbando, ordena tus finanzas y delega las actividades mundanas que te impiden estar por completo en tu misión. Confía en que los Maestros Ascendidos están contigo en este momento ayudándote, guiándote en los pasos que debes dar. Te asistirá el Ángel de la Fuerza Espiritual y la Voluntad (14).

222 – Ten fe. Todo va a estar bien. No fugues tu energía con preocupación. Todos tus Ángeles están a tu alrededor. La situación que te concierne está teniendo el mejor resultado para todos los involucrados. El Ángel del Valor y la Perseverancia (19) te asistirá.

333 – Los Maestros Ascendidos están contigo, deseando que sepas que tienes su ayuda, amor y compañía. Llama a la legión del 333 constantemente y a los Maestros Ascendidos como Jesús, Moisés y Kuan Yin. Te asistirá el Ángel de la Imaginación y la Liberación (21).

444 – Miles de Ángeles te rodean en este momento, amándote y cuidándote. Tienes una clara conexión con el plano superior, el angelical y comando de Dios. Eres un ángel tú también. No tienes nada que temer. Recordarás poco a poco tu misión y toda estará bien. El Ángel de los Ciclos y las Soluciones (13) te ayudará.

555 – Abróchate el cinturón. Un cambio fuerte de vida se avecina. No debes evaluarlo desde el bien o el mal, en la dualidad, sino como una transición necesaria que te llevará a donde debes estar. La asistencia es del Ángel de la Renunciación y la Regeneración (15).

666 – Tus pensamientos están fuera de balance, con demasiado enfoque al mundo material. Esta secuencia numérica te pide que equilibres tus pensamientos entre

el Cielo y la Tierra. Consulta al Ángel del Servicio y la Síntesis para que te asista en tu elevación y ten fe en que tus necesidades afectivas serán sanadas de corazón. Te asistirán los ángeles de la Ilusión y la Realidad (6) y de lo Material y la Tentación (18).

777 – Los Ángeles te aplauden. ¡Felicidades! Continúa con tu buena labor. Confía en que tu sueño se está realizando detrás del telón, prontos verás manifestados milagros a tu alrededor.

888 – Una fase de tu vida está por terminar. Te están dando oportunidad de prepararte, ya que descenderás de algo que vienes arrastrando: quizá tu carrera que no iba a ningún lado, o tal vez tu relación personal con la que desde hace meses vienes lidiando. Esta secuencia te dice que estás al final del túnel, que la luz comienza a brillar. También te dice que la cosecha está lista para que la recojas; no caigas en la desidia. ¡Toma lo que ya es tuyo ahora! Consulta al Ángel del Valor y la Perseverancia (19) y al Ángel de la Muerte y el Renacimiento (16).

875 – Los cambios que estás haciendo te ponen en el camino correcto para que manifiestes abundancia en todos aspectos. Consulta al Ángel de la Abundancia (1).

999 – ¡A trabajar, Ser de Luz! El universo necesita de tu aportación. Entrégate a tu vocación sin demoras o dudas. El mundo te necesita. Consulta al Ángel del Servicio y la Síntesis (20).

000 – Un recordatorio de que eres Uno con el Todo. También es una secuencia que te indica que una situación ha llegado a su ciclo completo. Pide asistencia al Ángel de los Ciclos y la Soluciones (13).

Números de cuatro dígitos

Para interpretar el significado de un número de cuatro dígitos, rompe la secuencia en dos partes —es decir, en dos pares de números—, suma cada uno de ellos y después suma ambos resultados. Por ejemplo: 2450.

Interpreta 2 + 4 = 6 y 5 + 0 = 5. El resultado final es 11.

La secuencia 11 te dice que los Ángeles están alineados, pendientes de tus pensamientos para sacar la foto de tu inconsciente e impregnarla a las fuerzas creativas. Sé sigiloso con cada uno de tus pensamientos, pide ayuda al Ángel del Discernimiento (12).

Ten en cuenta al número 0 que te dice que todo está sucediendo conforme a un gran plan que sirve al Todo. Ten confianza en que el proceso será placentero. Es tu derecho crecer con elegancia en la esfera del Punto Cero, donde todo fluye sin resistencia alguna.

La interpretación de la secuencia entera sería: Deja que los ángeles te guíen. Dios Supremo te pide que confíes, que disfrutes el camino de regreso al Cielo.

Números de cinco dígitos

Se interpretan de una manera similar. Toma los tres primeros dígitos y lee su significado, luego lee la interpretación de los últimos dos dígitos de la secuencia. Combina estos dígitos y resúmelos, por ejemplo:

99900:

999 – ¡A trabajar, Ser de Luz! El universo necesita de tu aportación. Entrégate a tu vocación sin demoras o dudas. El mundo te necesita.

00 – Un recordatorio de que eres Uno con el Todo y que te entregues al plan divino sin resistencia.

Embárcate en tu cruzada espiritual cuanto antes. No lo estás imaginando. Atiende al llamado. El universo necesita tu aportación a la humanidad. Dios te pide que ejerzas tu verdadera vocación.

Números de seis dígitos

Para descifrar un número de seis dígitos, divídelo en dos pares de tres dígitos. Por ejemplo, 225496 debe dividirse en 225 y 496 y luego leerse la interpretación de cada uno de ellos:

225 – Confía en que el cambio sirve a tu bien más alto. Estás en una fase de transición, deja ir el pasado y todo aquello que ya no funciona. Suelta y camina hacia adelante con fe y determinación.

Posteriormente descifra el siguiente segmento:

496 – Los Ángeles hacen de tu misión divina de vida tu prioridad. No te preocupes por cómo va a funcionar; entrégate y todo el universo conspirará y te proveerá de las personas correctas para llegar. Esta secuencia te recuerda que siempre estaremos cuidados mientras estemos alineados con nuestra verdadera vocación.

Como secuencia entera, el significado es:

Ten fe en los cambios que estás experimentando. Son para tu bien mayor. Entrégate a tu misión, las cuestiones mundanas serán cubiertas por el Creador.[1]

[1] Basado en John Price, *Nothing is too good to be true*, Hay House Publishing, y Doreen Virtue, *Signs from Above*, Hay House.

Pasos específicos sugeridos

Comienza a meditar para enseñar a tu mente a no pensar y entrar al plano espiritual de la Unidad.

Limpia y enmienda tu vida. Si tienes alguna vieja herida, haz las paces con la vivencia y déjala ir.

Nútrete adecuadamente para limpiar tus circuitos energéticos. Recuerda que la nutrición está compuesta por la respiración, la hidratación y la ingestión moderada de alimentos.

Envía vibraciones positivas a todos los seres, aun a los que más te cuestan, ya que son quienes más lo necesitan.

Sé consciente de cada pensamiento que tienes.

Ejerce compasión con el reino animal.

Vibra en la resonancia de la música clásica.

Respira en nombre del planeta; Buda se iluminó en una respiración. Sostén en tu ojo creador la imagen de todos los seres vivientes respirando conscientemente; esto es el despertar y la trascendencia de la Tierra y de la humanidad entera.

Centros de entrenamiento práctico:

Ammatti.org

AWFoundation

Glosario

Concepto	*Definición*
Chakra	Del sánscrito: rueda de energía.
Maat	Diosa egipcia símbolo de la Verdad, la armonía cósmica y justicia universal que imperan en el mundo desde su origen y que es necesario conservar.
Neuropéptido	Pequeña cadena de secuencias aminoácidas que corren por el torrente sanguíneo.
Neurosis	Jung: Cualquier conducta adoptada para evitar un sufrimiento legítimo y necesario para la evolución psíquica.
Prana	Energía cósmica primaria.
Serendipidad	Apertura a la gracia sin esperarla.
Sincronicidad	Jung: Principio interconector de la causalidad universal, manifestado a menudo como un suceso aislado o conjunto de eventos con significado subjetivo profundo.
Sombra	Jung: El hogar de todos los aspectos de la personalidad desterrados del Yo Consciente.
Vescica Piscis	El verbo creador, el espacio compartido entre las esferas de la Flor de la Vida donde se generan los siete sonidos fundamentales.
Yo Consciente	Freud: (*id.*) La parte de ti que muestras al exterior; Rogers: El Yo que tú crees que eres con el cual te permites funcionar ante ti mismo y con los demás.
Yo Inconsciente	El que lleva el mando y se ríe de las decisiones de tu Yo Consiente.

A ti que has leído este libro...

Prepárate...

Los cambios comenzaron.

El momento más oscuro es cuando está a punto de amanecer; es el tiempo que vivimos justo ahora en este último katún antes de la mañana de la Nueva Era.

La energía que se radiará en el solsticio del 21-12-2012 será una lupa que intensificará todo estado emocional. Si crees que es el fin del mundo y que la hora del juicio llegó y estás convencido de que existe el infierno o un dios castigador, caerás a un mundo que vibre en esa polaridad. La dirección hacia donde sintonices tu frecuencia, será determinante.

Conforme el latir de la Tierra se acelere, el campo electromagnético disminuirá. Experimentaremos terror colectivo y, a la vez, despertares masivos.

Es vital que entrenes a tu mente cómo pensar. Lo que creas, será.

Tu vibración en la frecuencia del amor es tu mayor aportación.

Entrégate a tu llamado, al salto de fe. Permite que tu intuición sea tu guía de orientación.

Eres parte vital del despertar de la Tierra y la humanidad.

Acerca de la autora

Andrea Weitzner estudió Relaciones Internacionales en la Universidad Iberoamericana y un diplomado en Cranfield, Inglaterra. Estos títulos fueron puestos en práctica durante los siguientes años de su vida en Suiza. Dando un cambio radical a su carrera, se unió como directora de comunicaciones a Medical Mission International, organización nominada al Premio Nobel de la Paz. En 2006 regresó a México y comenzó a escribir la serie de concientización en el tema Trastornos Alimenticios.

En 2007 fundó AW Foundation, organización dedicada a la creación, difusión e implantación de programas educativos en materia de trastornos de la alimentación; provisión de terapia de calidad a la medida de las posibilidades de las personas afectadas y creación de campañas que salvaguarden los derechos humanos en el tratamiento de los trastornos alimenticios.

Actualmente, siguiendo lineamientos de la Escuela Humanista y Gestalt en combinación con principios de Programación Neurolingüística, Numerología y Gurdjieff/Ouspenski, ofrece cursos y talleres para ayudar a personas a mejorar su calidad de vida.

Otros libros de la autora:
El camino hacia la recuperación de anorexia y bulimia.
Cuando comer te destruye.

Cuando amar te destruye: Trastornos alimenticios y relaciones adictivas.

Ayudando a sanar: Cómo entender a la persona que sufre un trastorno alimenticio.

Creando el Cielo en la Tierra.

Visita el sitio web de la autora: Ammatti.org

Bibliografía

Adler, Alfred, *El sentido de la vida,* Latinoamericana, México, 1968.

Andreas, Connie, *Core Transformations: Spirituality in NLP,* Real People Press, Box, F, Moab, Utah, 1994.

Barrow, John, *Teorías del todo,* Crítica, Barcelona, 2006.

Bauval, Robert, y Adrian Gilbert, *The Orion Mystery,* Three Rivers Press Random House, Nueva York, 1995.

Capra, Fritjof, *The Tao Of Physics,* Bantam Books, Nueva York, 1984.

Castaneda, Carlos, *Las enseñanzas de Don Juan,* Fondo de Cultura Económica, México.

———, *A Separate Reality,* Washington Square Press Simon & Schuster, Nueva York, 1971.

———, *A Journey to Ixtlan,* Washington Square Press Simon & Schuster, Nueva York, 1972.

———, *Tales of Power,* Washington Square Press Simon & Schuster, Nueva York, 1974.

———, *The Eagle's Gift,* Washington Square Press Simon & Schuster, Nueva York, 1981.

De la Barca Calderón, Pedro, *La vida es sueño*, Editores Mexicanos Unidos, México, 1983.

Dethlefsen, T. y D. Rüdiger, *La enfermedad como camino,* De Bolsillo, 2004.

Fox, Emmet, *Power through Constructive Thinking*, Harper & Row, San Francisco, 1968.

Frankl, Victor, *Psicoanálisis y existencialismo,* Fondo de Cultura Económica, México, 1946.

———, *El hombre en busca del sentido,* Herder, Barcelona, 1977.

———, *The Unheard Cry for Meaning, Psychotherapy & Humanism*, Pocket Books, Nueva York, 1984.

Freud, Sigmund, *El "Yo" y el "Ello"*, Obras completas, tomo III, 3ª ed., Biblioteca Nueva, Madrid, 1923.

Fromm, Erich. *The Art of Loving*, Nueva York, Avon Books, 1969.

———, *Escape from Freedom*, Avon Books, Nueva York, 1969.

Gawain, Shakti, *Creative Visualization,* Whatever Publishing, Mill Valley, CA. 1978.

———, *Living in the Light*, Whatever Publishing, Mill Valley, CA. 1986.

Gurdjieff, Ivan, *El mensajero del bien venidero, primer llamamiento a la humanidad contemporánea*, Ed. Humanitas.

Hancock, Graham, *The message of the Sphinx*, Random House, Nueva York, 1997.

———, *Fingerprints of the Gods,* Three Rivers Press Random House, Nueva York, 1996.

Hay, Louise, *Ámate y sana tu vida*, México, Diana, 1990.

Hall, M. P., *The Secret Teachings of all Ages,* Philosophical Reasearch Society, Los Ángeles, 1977.

Javanie, Faith, y Dusty Bunker, *Numerology and the Divine Triangle*, Paperback, Nueva York, 1979.

Jung, Carl Gustav, *Synchronicity: An Acausal Connecting Principle*, Vol. 8, *Collected Works, Jung Extracts,* Paperback, Nueva York, 1984.

Jung, Carl Gustav, *The Archetypes and the Collective Unconscious,* Nueva York, Paperback, 1984.

Kapleau, Philip, *Despertar al zen,* Pax, México, 2006.

Kübler-Ross, Elizabeth, *On Death and Dying*, McMillan Nueva York, 1969.

Lazaris, *El viaje sagrado,* Cocreación.

Lederman, Leo, y Dick Terese, *La partícula divina*, Crítica Barcelona, 2007.

Liberato, Aparecida, *Vivir mejor a través de la numerología,* Grijalbo, 2005.

Los Tres Iniciados, *El Kybalión* L.D. Books, Miami, Lectorum, 2004.

Melchizedek, Drunvalo, *The Ancient Secret of the Flower of Life,* Light House Publishing, Estados Unidos, 2000.

Osho, *Intuición. El conocimiento que trasciende la lógica,* Random House Mondadori, Barcelona, 2001.

Ouspenski, P. D., *Un nuevo modelo del universo,* Kier, Buenos Aires, 2001.

———, *El cuarto camino,* Kier, Buenos Aires, 2002.

Peck, Scott M. D., *The Road less Traveled* (La Nueva Psicología del Amor), Emecé, Buenos Aires, 1986.

———, *People of the Lie,* Touchstone, Simon & Schuster Publishing, Nueva York, 1983.

———, *A World Waiting to be Born,* Bantam Books, Nueva York, 1993.

———, *The Road less Traveled and Beyond*, Touchstone, Simon & Schuster, Nueva York, 1997.

Price, John, *Nothing is too good to be true,* Hay House, 2001.

Robbins, Anthony, *Unlimited Power,* Simon & Schuster, 1997.

Sánchez, Ron, *Historia de la física cuántica,* Crítica, Barcelona, 2001.

Satir, Virginia, *En contacto íntimo,* Pax, México, 1990.

Schwaller de Lubicz, R. A., *The Temple of Man,* Inner Traditions International, Vermont, 1998.

———, *Sacred Science,* Inner Traditions International, Vermont, 1982.

———, *Esoterism & Symbol,* Inner Traditions International, Vermont, 1985.

———, *A Study of Numbers,* Inner Traditions International, Vermont, 1986.

Scheid, Robert, *Beyond the Love Game*, Celestial Arts, Berkeley, CA., 1980.

Seigel, Bernie, *Love, Medicine & Miracles*, Harper & Row, Nueva York, 1986.

Shlezinger, Aharón, *Numerología y Cábala,* Ediciones Gráfico, España, 2008.

Thondup, Tulku, *The Healing Power of Mind,* Penguin Books, 1997.

Villanueva-Reinbeck, Martin, *Más allá del principio de autodestrucción*, Manual Moderno, México, 1988.

Volland, Hans, *Handbook of Atmospheric Electrodynamics,* vol. I, CRC Press, Estados Unidos, 1955.

Weitzner, Andrea, *El camino hacia la recuperación de anorexia y bulimia,* Pax, México, 2007.

———, *Cuando comer te destruye,* Pax, México, 2007.

Weitzner, Andrea, *Cuando amar te destruye. Trastornos alimenticios y relaciones adictivas,* Pax, México, 2008.

Weitzner, Andrea, *Ayudando a sanar. Cómo entender a quien sufre un trastorno alimenticio*, Pax, México, 2008.

———, *Creando el Cielo en la Tierra*, Pax, México, 2009.

Wikinski, Bernardo, *Mer-ka-ba. Vehículo de ascensión a la cuarta dimensión,* Kier, Buenos Aires.

Este libro se terminó de imprimir en febrero de 2011
en los talleres de Litográfica Ingramex, S.A. de C.V.
Centeno 162-1, Col. Granjas Esmeralda
C.P. 09810 México, D.F.